確 産を残す

相続・税金対策の教科書

乾 比呂人
Hiroto Inui

はじめに

税制改正で〝にわか富裕層〟が急増

2015年（平成27年）に行われた税制改正により、相続税の課税対象者が爆発的に増えたのをあなたはご存じでしょうか？　課税対象者はそれまでの1・7倍となり、新たに約50万人に相続税の申告が必要となりました。

じつはそれまで相続税がかかる人は、会社オーナー・医者・地主で占められており、この3つ以外の属性の人はほとんどいませんでした。しかし、法改正で他の属性の人たちにも相続税がかかり始めたのです。

どのような人に相続税がかかるようになったのかというと、ズバリ「ちょっぴりお金持ちの人」たち。具体的には、**公務員や教師に加え、メガバンクや電力会社勤務だった人を家族に持つ、いわば〝にわか富裕層〟**です。富裕層とはいえ、決して突出したお金持ちではありません。あなたの周りにもいる普通の人たちなのです。

このような〝にわか富裕層〟は、税務署にとっていいカモです。〝にわか富裕層〟は、それまで相続税の脅威にさらされてこなかったため、全く相続税対策をしていないからです。そのうえ、サラリーマンが多く、経営者のように普段から税金そのものに慣れ親しんでいるわけでもありません。

相続税対策は、その性質上、節税効果が出るまで時間がかかります。〝にわか富裕層〟は時間のないまま十分な相続税対策をできずに申告期限を迎えてしまい、多額の相続税を納付することになってしまうのです。

もちろん、税務署は〝にわか富裕層〟だけではなく、旧来からの〝元祖富裕層〟も今までどおりがっちりとターゲットにしています。税制改正で〝元祖富裕層〟である会社オーナー・医者・地主の税負担も格段に大きくなりました。なかには相続税額が2倍になった人たちもいます。

このように、**平成27年税制改正は〝にわか富裕層〟にも〝元祖富裕層〟にも、これまでにないほど重い経済的な負担を強いるもの**なのです。

近年、資産課税はますます厳しくなっています。わが国の人口は減少し続け、経済成長が鈍化している厳しい時代を迎えています。

しかし、何代も続く地主や老舗企業の会社経営者などが生まれながら背負っている「土地や会社などの財産を後世に維持するという義務」は変わっていません。これは先代や先々代の時代に比して、非常に厳しいハンデを背負っているといっても過言ではありません。

日本の相続税率は非常に高く、何もしないと三代で家がつぶれるといわれています。ですから、彼ら・彼女らは生まれた時から、自分が亡くなった後の相続に備えて生きているのです。

一方、昨今の不動産投資ブームは、一介のサラリーマンを兼業大家へと変貌させました。不動産投資で大きな成功を収めたサラリーマン大家は、創業地主として自分たちの築き上げた資産を子どもの代に引渡していかなくてはなりません。しかし、生まれた時から相続税対策を行い続けている歴代地主と異なり、一代目の創業地主にはその資産を守るための知識が圧倒的に不足しています。

創業地主と同じく、一代で勃興した創業社長も、資産を増やす手法には秀でていても、資産を守る知識には乏しいのが実情です。

なお、統計的にいえば、相続税がかかる人の属性は、全体を100とすると会社経営者・医者・地主で50：40：10の比率と言われています。

そこで本書では、資産を増やした後にどうやってそれを守り抜き、子孫末代までの繁栄を維持するのか。その方法について、富裕層の中でも代表的な3つの属性（地主・会社経営者・高所得者［医者・弁護士・高給サラリーマン］）の人が行うべき汎用的かつ再現性のある手法を体系的に説明します。

本書で論じる方法は、相続・税金対策が必要なすべての方にとって効率的に資産防衛が可能となるものです。あなたにもできそうなことがあったら、まずは簡単なことから始めてみてください。

本書があなたの資産防衛の一助になれば幸いです。

本書の特色

ライフサイクルごとの相続・税金対策を網羅

本書の特色は4つあります。

1つめは、**一生を通じて何をいつ行うべきなのか、「時系列ライフサイクル」の全体像が一目瞭然になる**ことです。

本書を読むことで、何歳のころに何をすべきかが明確になり、自分の立場に照らし合わせて、実行済みのこと・これから実行すべきことの確認ができます。二代目・三代目の地主や会社経営者は、未実行の施策はないか〝棚卸し〟ができるのです。

また、これまで税金に積極的に向き合ってこなかった高給取り（高給サラリーマン・医者・弁護士）

も、自分の税務対策について**何をすべきかを「見える化」できます**。

2つめの特色は、**実現可能な相続・税金対策のすべてが網羅されている**ということです。

「はじめに」で述べたとおり、相続・税金対策が必要な方のステータスを大別すると、地主・社長・高給取り（高給サラリーマン・医者・弁護士）となります。

本書は、これらの属性の人に必要となる相続・税金対策を網羅的に提示し、あなたに必要なすべての対策を連関させて実現できる、これまでにない本となっています。

多くの場合、これらの人たちのステータスは重複しています。例えば、「会社を経営しながら、個人では地主をやっている」「代々受け継いだ土地で地主をやりながら病院に勤務している」というように、専業地主でない限り、地主とは別のステータスも持つ人がほとんどです。

本書を読めば、そうした重複するステータス同士で連関させて行うべき相続・税金対策を把握でき、漏れのない対策を行えるようになるのです。

他の本は、そのような読者を想定せずに税金について総花的に書かれたものや各ステータスのみについて書かれたものばかりであり、全体感をもって対策を行うことは困難です。

本書は、複数のステータスを持つ人に必要な相続・税金対策を網羅・連関させることで、**あな**

たにとってぴったりの方法を提示することができるのです。

3つめの特色は、**2秒でわかる図**です。

相続税対策や資産防衛はかなり難解な内容を含みます。文字ばかりの本では理解を進めることが大変難しいでしょう。しかし、文章では難解な内容も、図解すればより早く的確に理解できます。難しい内容を時間をかけて読み解くのではなく、難しい内容でも直感的に把握できるわけです。そこに本書の価値があります。

本書は、一度読み通せば、**二度目以降は図をおさらいするだけで内容を思い出せるので、あなたの大切なリソースである時間を節約する仕掛けを盛り込んでいる**のです。

4つめの特色は、**再現性があり末永く使える**ことです。

相続・税金対策の手法は、税制改正や景気の良し悪しなどによって流行り廃りがあります。というのも、相続税対策はマクロ環境の変化の影響をもろに受けるからです。昨日まで使えた手法が今日からは全く効果なし、ということはざらにあります。

そこで本書では、そのようなことがないように、**マクロ環境に影響されない堅実な手法に絞ってお伝えします**。

税制改正に左右されず、ライフサイクルごとに適切なステップを踏んで税務対策を行うことで、誰でも同じように対策を進めることができ、みんなが同じ結果を得られるようになります。

あらかじめ先回りして説明すると、**相続・税金対策の最大のポイントは「よい税理士と良好な関係を築く」ということに尽きます**。私は国税調査官時代に「税理士の実力不足による税金対策の失敗」を多く目の当たりにしてきました。税理士の実力不足は、準備不足・知識不足・経験不足の3つの不足によってもたらされています。

相続税対策に失敗した納税者を見て「この人も別の税理士に依頼していれば、より有利な相続税対策が行えたのに、多額の報酬を払ったうえに税額は下がらず、家族内でもめている。他人事ながらとても可哀そうだな」と思ったことが多々あります。

その経験から、自分が税理士として顧客に提案するときには、ライフサイクルに合った方法を踏まえて対策を行っています。

本書を読むことで、相続税対策・資産防衛・事業承継などに再現性のある方法が身につき、あなただけでなく、子孫まで末永く繁栄が続くようになります。

なお、本書では再現性とわかりやすさを追求するため、本文中では**できる限り専門用語の使用は避け、税法の内容も正確性より優しくかみ砕いた表現を心がけています**。

また、税制改正も頻繁に行われることから、税率や金額などの要件は執筆時現在（2023年6月）のものを使用しております。

それでは、あなたと子孫の財産を守る、相続・税金対策について説明していきましょう。

確実に資産を残す　相続・税金対策の教科書　もくじ

第1章　地主業を守るための税金対策

Part 1　先代が元気なうちにやっておく対策

Part 2　不動産でお金を増やすコツ

Part 2 二代目社長がやるべき税金対策

第3章

高給取りが身につけたい税金の知識

Part1 個人で副業を始めよう

Part2 副業を法人化しよう

第4章 税理士と良好な関係を築く方法

第 1 章

地主業を守るための税金対策

地主業（不動産業）は他のビジネスとは異なり、代々家族が受け継いでいくのが一般的です。したがって、どのように事業承継していくかがポイントになります。本章では、地主業でお金を増やしながら相続の準備を進める方法、地主の子供として親から地主業を継いだらやるべき対策などを解説していきます。

Part 1

先代が元気なうちにやっておく対策

地主業では、先代が元気なうち、かつ子供が小さいうちから税金対策が始まります。「相続なんてまだまだ先の話」ではありません。早いうちから準備をしていけば、かなりの節税が可能になるのです。子供・孫に苦労をかけないためにも、今からでも祖父母・親としてやっておくべき対策を説明します。

1 子供が生まれたら最初に行う税金対策

「不動産は税金のデパートである」という有名な言葉があります。その言葉のとおり、不動産賃貸業における最大のコストは税金です。不動産を持っているだけで固定資産税がかかり、それを貸して儲けが出ると所得税・住民税・事業税が発生します。さらに、新しい物件を買うと登録免許税や不動産取得税が追加で課せられます。

このように、地主業を営んでいると、あらゆる場面でさまざまな種類の税金が発生します。「税金のデパート」といわれる所以です。

そのため逆説的ではありますが、有効な節税策を講じていると、不動産経営を有利に展開できます。まさに、税金を制するものが不動産経営を制するのです。

「生まれた子供がまだ小さいから、税金対策はできませんよね?」と聞かれることが多くあります。じつは**子供が生まれてすぐにできる税金対策が2つあります**。

1　子供を先代（自分の親）の養子（孫養子）にする
2　生まれたばかりの孫に先代（祖父母）から生前贈与する

以下、それぞれの効果と手続き、注意点について見ていくこととします。

1　子供を先代（自分の親）の養子にする（孫養子メソッド）

この「孫養子メソッド」では、自分の子供を先代（自分の親）と養子縁組するため、相続人が1人増えます。そうすると、相続税の計算上、次の3点のメリットを享受することができます。

①基礎控除が増える

相続税は、基礎控除を超える財産を残した人にかかる税金です。基礎控除は相続人が増えるとそれに連動して増える仕組みになっているため、孫養子は相続税の負担を減らす効果があります。ちなみに現行税法では、相続人が1人増えると、基礎控除が600万円増加します。

②相続財産の非課税枠が増える

亡くなった人が死亡保険金と死亡退職金をもらった場合、その全額が相続税の課税対象になるのではなく、もらった金額から、「相続人の人数×500万円」を差し引いて課税されます。すなわち、相続人の人数が1人増えると、死亡保険金も死亡退職金も、それぞれに500万円分の課税対象が減り、その分にかかる相続税の節税になるのです。

③代飛ばしができる

通常は先代（祖父母）→親（自分）→孫と相続する場合、相続課税が2回行われるのに対し、孫養子をとれば、先代（祖父母）→孫とダイレクトに1回で孫に財産を継がせることができるため、相続課税を減らせます。これを「代飛ばし」と言います。

孫養子メソッドの効果を図示すると、次ページのようになります。

簡素化のため、相続をする子・孫がそれぞれ1人ずつ（配偶者はなし）と仮定しています。5億円の預貯金を相続する場合、孫養子なしの場合は、最終的に孫は2億1400万円の財産を手に入れるのに対し、孫養子ありの場合は、3億2000万円の財産を手にできます。その差は約1億円以上となります。

孫養子メソッドの注意点は、孫養子の相続税が通常の20%増しになることです。これを相続税の「2割加算」と言います。

孫養子の効果

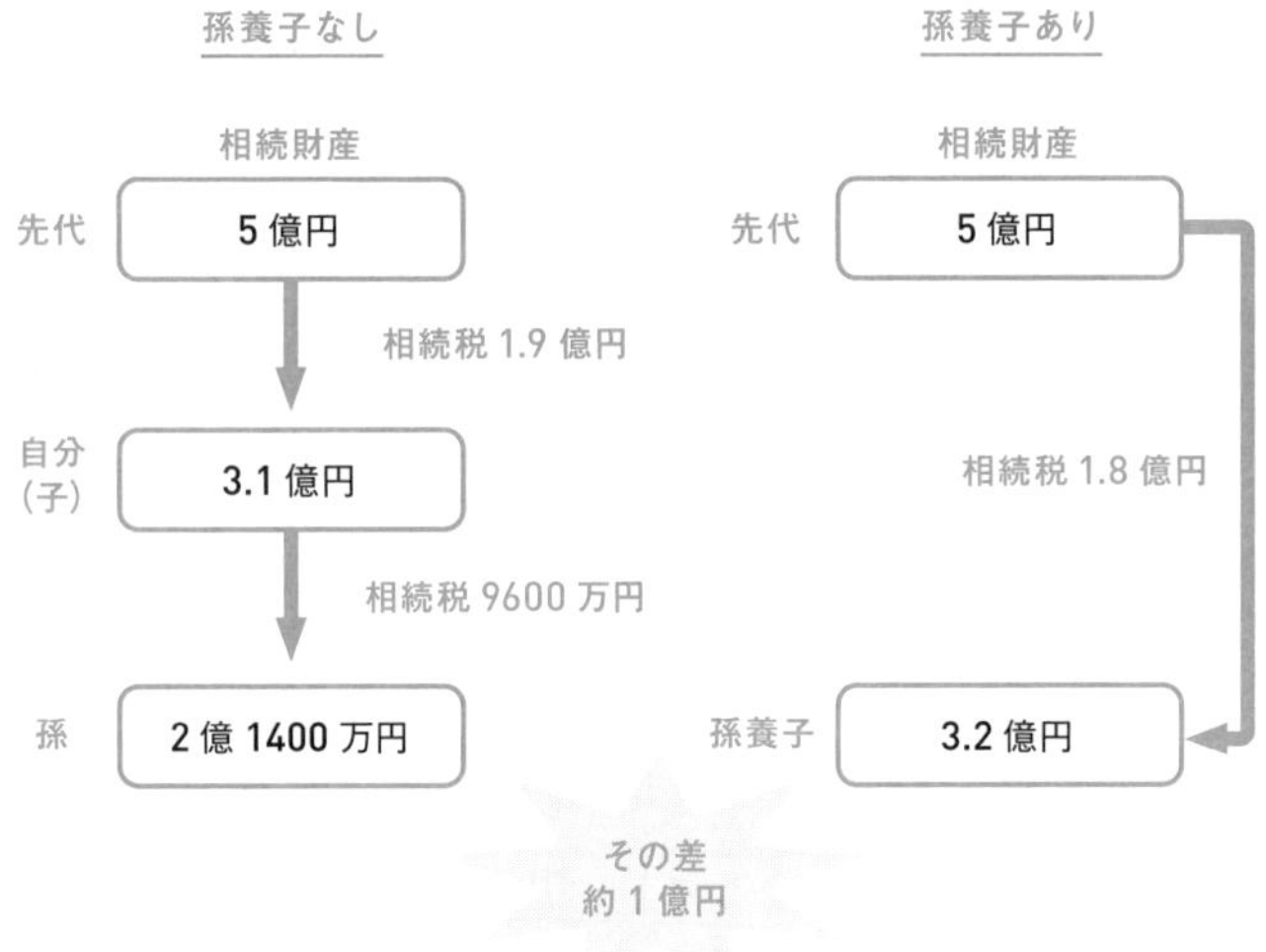

相続税では、亡くなった人の兄弟姉妹や孫養子が財産をもらったり、生前お世話になった人や愛人に遺言で財産を相続させたりした場合、その相続人たちはいわば〝予期せぬ財産が転がり込んできたラッキーな人〟として、夫婦間や子供への相続税よりも重い税負担をしなければならないことになっています。

したがって、孫養子メソッドを用いる場合は、あらかじめ孫の相続税が通常の2割増しになることを予測して相続税額のシミュレーションを行い、事前準備を万端にしておくことが大事です（上図「孫養子の効果」は2割加算後の金額となっています）。

なお、孫養子の手続き方法は、成年が養子縁組する場合と同じで、普通の養子縁組方法と変わるところはありません。

2 生まれたばかりの孫に先代（祖父母）から生前贈与する

生まれたばかりの孫に生前贈与するためには、成年になった孫への生前贈与に比べて、手続きに注意が必要です。

先代（祖父母）から成年の孫への一般的な生前贈与の場合、祖父母が孫に「財産をあげます」と贈与をする意思を伝え、贈与を受ける孫が「わかりました」と承諾することで贈与契約は特に問題なく成立します。あとは実務上、その内容を表す贈与契約書を作成し、お金の受け渡しを通帳振込にするなど、その流れを見える形にしておきます。贈与税の申告を期限内にすれば、生前対策は無事に完了します。税務署から問題を指摘されることもありません。

しかし、生まれたばかりの孫のように、年端もいかない場合は、贈与を受ける孫が「わかりました」と承諾することはできないため、成年の孫と同じ方法では生前贈与が成立しないのです。

では、どうすれば税務署から指摘を受けないように生まれたばかりの孫に生前贈与ができるのでしょうか。

あまり知られていないことですが、次の3つの要件を満たすことで、有効な贈与契約を成立させることができるのです。

①親などの親権者がその贈与を承諾する

まず1つめの要件は、孫が未成年である場合には、親権者がその贈与を承諾することです。言い換えると、「未成年の孫に財産を贈与する場合には、親がその贈与を承諾するだけで、たとえその孫が0歳の赤ちゃんで贈与の事実を知らなかったとしても、贈与は成立する」ということです。ちなみに、未成年の子供に対する贈与も基本的には同じことが成立します。

②贈与契約書に孫と親権者の連名、または親権者が法定代理人として署名捺印する

2つめの要件は、実務上、後で第三者に対して証明できるように、孫と親権者の連名か、親権者が未成年の孫に代わり法定代理人として署名捺印して贈与契約書を作成しておくことです。贈与自体は契約書がなくても成立しますが、あとでトラブルにならないように書面にしておくわけです。

③親権者がお金を管理する

3つめは、未成年者である孫のお金を親権者が管理することです。ただし、親権者がそのお金を私的に流用してしまうと贈与があったと認められません。そのようなことは厳に慎みましょう。

「祖父→孫」贈与契約書（孫養子でない場合）

贈与者　明日香 祖父男　（以下「甲」という）は、受贈者　明日香 孫男　（以下「乙」という）と、下記条項により贈与契約を締結する。

記

第１条　甲は、現金　1,000,000　円を乙に贈与するものとし、乙はこれを受諾した。

第２条　甲は、第１条に基づき贈与した現金を、令和××年××月××日までに、乙が指定する銀行預金口座に振り込むものとする。

この契約を締結する証として、この証書２通を作成し、甲乙および乙の親権者が記名捺印のうえ、甲乙双方が各１通を保有するものとする。

令和××年××月××日

（甲）　住　所　●●市●●区●●1丁目1番1号
　　　　氏　名　明日香 祖父男　印
（乙）　住　所　●●市●●区●●１丁目2番３号
　　　　氏　名　明日香 孫男 法定代理人 明日香 父男　印
（乙の親権者）
　　　　住　所　●●市●●区●●１丁目2番３号
　　　　明日香 母子　印

ちなみに、もし贈与を受けたお金が多額で、贈与税の申告が必要になった場合には、親権者が代理人となって未成年の孫に代わって贈与税の申告をすることになります。

このように、ひと手間かければ、０歳児に対して生前贈与を行うことも可能です。この方法を使うと、**孫の将来のために資金援助しながら祖父母の相続税を節税できる**ので、まさに一石二鳥です。

とはいえ、年端もいかない子供に多額の生前贈与を行うのは、教育に悪影響を与えるのでは？　と不安になるかもしれません。まずは、親であるあなたと先代（祖父母）で、孫への贈与金額の上限枠（例：20歳になるまでに〇〇円を生前贈与する）を決

「祖父→孫養子」贈与契約書（孫養子の場合）

贈与者 明日香 祖父男 （以下「甲」という）は、受贈者 明日香 孫男 （以下「乙」という）と、下記条項により贈与契約を締結する。

記

第１条　甲は、現金 1,000,000 円を乙に贈与するものとし、乙はこれを受諾した。

第２条　甲は、第１条に基づき贈与した現金を、令和××年××月××日までに、乙が指定する銀行預金口座に振り込むものとする。

この契約を締結する証として、この証書２通を作成し、甲乙および乙の親権者が記名捺印のうえ、甲乙双方が各1通を保有するものとする。

令和××年××月××日

（甲）　住　所　●●市●●区●●1丁目1番1号
氏　名　明日香 祖父男　印
（乙）　住　所　●●市●●区●● 1丁目2番３号
氏　名　明日香 孫男 法定代理人 明日香 祖父男　印
（乙の親権者）
住　所　●●市●●区●● 1丁目2番３号
明日香 祖母子　印

※契約書は贈与ごとに毎回作成すること

めてから実行してはいかがでしょうか。

なお、孫養子に対する生前贈与での法定代理人は祖父母ではなく、一般的には実父母と解されています。また、実父母から実子への生前贈与については、その実父母が親権者＝法定代理人になってしまいますが、贈与は一方的に子供が得をすることなので、原則的に（利益相反行為に該当しなければ）問題なく行えます。

「祖父母→孫」（孫養子でない）の場合、および「祖父母→孫養子」の場合の2パターンについて、贈与契約書のひな形を掲載しますので参考にしてください。

おさらい

子供が生まれたら最初に行う税金対策

1. 孫養子

手法	自分の子供を自分の親の養子にする
利点	(1) 基礎控除が増える→現行税法（令和５年現在）では、相続人が１人増えると、基礎控除が600万円増加 (2) 非課税財産が増える→相続人の人数が１人増えると、死亡保険金も死亡退職金も、それぞれに500万円分の課税対象が減り、その分にかかる相続税の節税になる (3) 代飛ばしができる →１回で孫に財産を継がせるため相続課税を減らせる

2. 生前贈与

手法（注意点）	以下の３つの要件を満たして孫へ贈与を行う (1) 親などの親権者がその贈与を承諾すること (2) 贈与契約書に孫と親権者の連名で（または親権者が法定代理人として）署名捺印する (3) 親権者がそのお金を管理する ※契約書は贈与ごとに毎回作成すること

2 子供が物心ついたらやる教育

子供にはやりたいことをやらせてあげたいのが親心だと思います。他方、地主業をしていれば、その仕事を子供に継いでもらいたい気持ちも、親の人情として理解できます。

そこで、この項では、**子供が小さなころから簡単にできる後継者教育**のお話をします。自分の代で地主業を廃業したくないなら、これらの前提を踏まえ、子供がまだ小さなうちから次の3つのことを意識して実行しておきましょう。

1 仕事の楽しさを子供に伝える

まず、すべての業種に通じますが、**子供に親の事業を進んで承継してもらうカギは「家庭の会話」にあります。**

スムーズに親族内承継をした社長に共通しているのは、子供が小さいころから、家庭で社長の父または母が自分の仕事の楽しさと、その仕事がどれだけ社会に役立っているのかを伝えていることです。逆に、自分の仕事を卑下し、仕事が辛いという気配を子供に伝えてしまう家庭では、事業承継はうまくいきません。親からスムーズに事業承継した二代目社長からの意見で一番多かったのは、業種を問わず「社長である親が帰宅してから、自分の仕事を楽しく語っていたのが印象に残っている」ということです。

あなたも、折に触れて、**自分の仕事の楽しさと誇りを子供に伝えましょう**。その際に、配偶者からの「いつもお疲れ様」というねぎらいの言葉があるとさらに力強いメッセージになります。

2 後継者以外の子供に相続放棄させる

地主業の事業承継には、地主業特有の悩ましい制約が絡んできます。それは、土地や建物という分割できない財産で経営をしていることです。財産を後継者である子供に集中的に継がせなければならないのです。裏を返せば、円滑な地主業の事業承継を達成するためには、後継者でない子供には不動産以外の財産を継がせなければならない、もしくは不動産以外の財産がない場合にはその子供に相続放棄をしてもらうことが必要となるのです。後継者でない子供には、相続放棄が当たり前であることを諭しておきましょう。アパートローンを抱えている場合には、その返済のためにも、ローンを相続する後継者に不動産を集中的に継がせなければなりません。

このような事情もあって、地主のご家庭において、不動産を子供たちで分けて相続することは、至難の業と言わざるを得ません。非常に残酷に聞こえますが、地主業の相続において、後継者以外の子供に財産を残すことはとても難しいと認識しましょう。

しかしながら、親にとって子供はみな平等にかわいいですし、財産を相続する権利は相続人全員にあるのも事実です。

そこで、私が提案するのは、**後継者以外の子供に生前贈与を積極的に行う**という方法です。

地主は一般的に、後継者以外の子供への生前贈与として、マイホームを建てる土地や建築資金、孫の進学祝い、結婚費用などを出してあげる、などの対策をとっていることが多いようです。

その際に、後継者以外の子供には、生前贈与はするけど、自分が亡くなった際には相続させられる財産がないため、相続放棄をするように伝えておくのです。これに加え、子供を受取人とした死亡保険金に加入しておけば、鬼に金棒です。

後継者以外の子供にとって厳しい相続条件に聞こえますが、幼いころからそのように対策しておくことで、子供は自分の将来を納得して生前贈与を受けられますし、後で遺産分割協議でもめるリスクも少なくなります。

3 家を出た子供に地主業を継がせるか決める

地主業を自分の代で終わらせないようにするためには、他家に入った子供に地主業を引き継いでもらうか、それとも婿・嫁を迎えて夫婦ふたりで不動産経営をしてもらうか、今のうちから決めておきましょう。

他家に入った子供が地主業を継ぐならば、事業承継上、特に問題はありません。しかし、自分の家で地主業を続けなければならないと考えるなら、子供に婿・嫁を迎えてもらうことが必要です。自分の家に婿・嫁入りできる異性とだけしか自分の子供との結婚を認めないのは、子供の人生を制限しているように聞こえると思います。しかし、あなたが子供に事業承継してもらいたい地主であれば、この問題は避けては通れません。子供が小さなころから行うべき後継者教育の一環として考えておいてください。

なお、子供に婿・嫁を取ることを無理強いするのが辛いと思ったのならば、あなたの代で地主業を廃業することも視野に入れて今後の経営を進めるべきでしょう。

重たい話が続きましたが、まずは今晩の夕食時に一言、「地主業って楽しいな」と子供に伝えてみてはいかがでしょうか。

おさらい

子供が物心ついたらやる教育

	アクション	狙い（効果）
仕事の楽しさを子供に伝える	夕食時に「今日も仕事が楽しかった」と口に出して言う	**子供が自ら喜んで事業を承継する**
後継者以外の子供対策	▶後継者以外の子供に生前贈与 ▶相続があった時は相続放棄が当たり前と諭しておく ▶死亡保険金に入っておく	**後継者以外の子供は将来のことを納得して生前贈与を受けることができ、後々遺産分割協議でもめるリスクが少なくなる**
子供が家を出る場合の準備	嫁・婿入りした子供に地主業を継がせることを許容できるか、婿・嫁を迎えるか、あらかじめ自分の基準を明らかにしておく	**地主業を継続できる**

➡ **子供に仕事の楽しさを伝えるとともに、後継者以外にも相応の対策を行う。子供が家を出る場合は、自分の中でどのように継がせるのか基準を決めておく**

3 「遺言書があれば大丈夫」のウソ

「私は遺言書を残しているから、自分が亡くなった後も大丈夫」とおっしゃる方が多くいます。たしかに、遺言書はあった方が相続争いを防ぐことができるため、相続税のかかる人が増えた現代においては、もはや必須アイテムと言っても過言ではないでしょう。しかし、遺言書も万能ではありません。遺言書があっても、相続争いを１００％防ぐことはできないのです。

ここではそれにまつわるエピソードをひとつお示しします。

相続税対策のご依頼を受けた時のことです。被相続人は90歳の男性。相続人の構成は歳の順に長女・二女・長男、そして男性と養子縁組した長男の妻の合計４人でした。

男性は生前に遺言書を作っておりました。遺言書をもとに、相続税の申告書作成を進め、不動産の相続登記を行おうとしたところ、法務局から「この遺言書は無効だ」と差し止めを受けてしまいました。

理由は遺言書に書かれていた不動産の地番にありました。なんと、その地番は存在しなかったのです。男性が地番を書き間違えていたようです。存在しないものが法律上無効になるのは当然です。生前にしっかりと内容をチェックしておけばと悔やまれてなりません。

この遺言書はさらに大きな問題を抱えておりました。

じつは生前この男性を世話していたのは長男夫婦でした。外に嫁いだ長女と二女は、男性の世話をするどころか、嫁ぎ先のお金の問題で、事あるごとに男性にお金の無心をしてきました。男性が、長男の妻を自分の養子に迎えたのは、全く自分の世話をしないで迷惑ばかりかけてくる長女と二女へ財産を残すよりも、他人ながらもかいがいしく自分の世話をしてくれた長男の妻へ財産を残したい、という気持ちが理由でした。

そんな父の思いを苦々しく思った長女と二女は、頻繁に長男の妻をいじめておりました。

そこで、男性は長男の妻を守るためにも、長男と妻に全ての財産を渡す（すなわち、長女と二女は取得遺産なし）という、とても極端な内容の遺言書を残したのでした。

しかし、残念ながらこの遺言書で長男もその妻も守ることはできませんでした。先ほど述べたとおり、存在しない地番が記載されていたためにこの遺言の内容は無効となり、一から相続人全員で遺産分割協議をしなければならなくなったからです。

その後は家族問題を描いたドラマのような顛末を迎えます。

亡くなるまで義父の面倒を見ていた養子とはいえ、立場の弱い末子の妻が、義理の姉たちに正面切って物申すことは、やはり簡単なことではなかったようです。

結局、長女と二女が自分たちの取り分を主張し、長男の妻には財産が全く渡らない形で遺産分割協議は完了しました。

遺産分割協議自体は私的自治なので、当事者以外は誰も口を挟めませんが、この結果を天国の男性はどんな気持ちで見下ろしていたのでしょうか。

このエピソードは、非常に貴重な教訓を私たちに教えてくれています。それは「**遺言の内容を確実に実現させるためには、実務上外してはならないポイントがある**」ということです。具体的には次の2つです。

1 「法律上無効にならない遺言書」であること
2 「争いが起こらない遺言書」であること

これについて詳しく説明します。

1 「法律上無効にならない遺言書」であること

法律上無効にならないためには、遺言書の内容が正しく記載されている必要があります。前記のエピソードのように、存在しない地番が書いてあったり、預金のある銀行名や支店名が間違って書いてあったりすると無効になってしまいます。

私も仕事柄、何件も遺言書を見てきましたが、被相続人が自分で作った遺言書（自筆証書遺言）には、時折このような記載ミスが見られます。普通の人が、書き慣れない遺言書を作成すると、どうしてもミスをしてしまいがちです。

法律上無効な遺言書を作らないように、遺言のプロが作成してくれる「公正証書遺言」をお勧めします。これは、遺言書を公証人役場で作ってもらう制度です。証人2名以上と手数料（遺産の金額で変動します）が必要ですが、自分の遺言を無効なものにしないためにも必要な手続きです。

2 「争いが起こらない遺言書」であること

では、もし、前記のエピソードの遺言書が法的に有効だったとしたら、争いは起こらなかったでしょうか。答えはノーです。

長女と二女が、遺産分割協議で自分たちの取り分を主張したことから推測すると、おそらく「遺留分侵害額請求」を行ったことでしょう。遺留分は、相続人全員に認められた非常に強力な権利であり、当然に認められる性質のものです。この家族の場合、もしこの遺言が無効にならなかったとしても、裁判等を通じて相続争いが発生していた可能性が高かったでしょう。

それでも、遺言書そのものが無効になった場合と比べれば、長男の妻の取り分が増えた可能性は十分あったと考えられます。そもそも遺言書が適切に準備されていれば、ここまで大きな相続争いにならなかったのかもしれません。

じつはこのように大きな相続争いになった原因は、他にもあります。それは、この遺言書の遺産分割内容を、生きているうちに相続人全員に示していなかったことです。

たしかに、生前にこの内容を長女と二女に示していたとしても、彼女たちは不満を表していたに違いありません。しかし、男性がそのような遺言書を作った理由を説明し、彼女たちの不満を解消する手立てなどについて、お互いに真摯に耳を傾け合う場を設けることができていれば、両者は歩み寄り、解決策を出しあうことも可能だったはずです。

遺言書について生前にコンセンサスを得ておく作業は、「争族」を防ぐために非常に重要です。あなたが遺言書を作る際には、相続人の不満が最小限になるようにしましょう。

おさらい

「遺言書があれば大丈夫」のウソ

遺言書の内容を確実に実行させるポイント

1 法律上無効にならない	存在しない地番が書いてあったり、預金のある銀行名や支店名が間違えていたりしない遺言書を作成する
2 争いが起こらない	相続人になる人たちに遺言書の内容を説明し、あらかじめ不満を最小限にするよう準備しておく

➡ 遺言書の内容を確実にするために「公正証書遺言」の作成がオススメ。生前に相続人たちとその内容についてコンセンサスを得ておく

4 土地の確定測量をしておく

先代→本人 子 孫

突然ですが、簡単なのに意外と知られていない地主の相続税対策があるのをご存じでしょうか。それはズバリ、**「持っている土地の確定測量をすること」**です。

土地の確定測量とは、隣地の所有者や測量士、土地家屋調査士などが立ち合い、図面をもとに土地の境界を全て正式に確定させる測量のことです。そして、確定測量が相続税対策になるのは、次の2つの理由からです。

1 売却時のリスクを減らせる

自分の土地の確定測量をしておけば、あらかじめ土地の境界を確定できるので、将来その土地を売却する際に、土地の境界が未確定であることが原因で売却金額を低くしないと売れなくなるリスクや、売却そのものができなくなるリスクをゼロにできます。

売買しようとする土地について確定測量が済んでいないと、その土地の面積はまだ確定していない状態なので、買主は購入後に隣地所有者と境界のトラブルに巻き込まれる可能性があります。土地売買において、売却する土地の確定測量は極めて重要なわけです。

ここで、亡くなった父が確定測量をしなかったために、相続人である息子さんが大変苦労なされた事例をお話しいたします。

「生前、父が学習塾に貸していた一軒家の契約が終了し、土地建物を売却するため、その手続きや税金の相談に乗ってほしい」とその息子さんからご依頼を受けました。その物件は境界が未確定だったため、不動産業者を介し売却手続きを進めながら確定測量を行うことにしました。

ところが後日、その不動産業者から「隣地の所有者が境界確認の立ち合いに応じない」との報告を受けたのです。業者や測量士が隣地所有者に接触しようと試みましたが、何度自宅に足を運んでも会うことができず、隣地との境界を確定することはできませんでした。いつまで経っても隣地との境界が確定できないという理由で、せっかく進んでいた売却の話も流れてしまいました。

すぐには売れないため、仕方なく賃貸に出したのですが、その一軒家は特殊な間取りのため、賃貸も難しい物件でした。学習塾の経営者は亡くなられたお父様の友人であったため、その一軒家は学習塾用にかなりカスタマイズされて建設されたものでした。学習塾以外の事務所や店舗としては使い勝手が悪く、需要がないため、いつまでも借り手が見つからない状況となったのです。その土地は最寄り駅から徒歩5分圏内の一等地であり、いわば優良物件となるべき土地でした。しかし、あらかじめ確定測量をしなかったせいで、優良物件であるはずが、今ではすっかり不良物件になり果ててしまいました。

このようなことのないように、確定測量は早めに実施しておくべきなのです。

2 測量費用で現金が減り相続税が安くなる

確定測量の費用を支払うと、その分現金が減って（＝相続財産が減って）、相続税が安くなります。土地の大きさにもよりますが、確定測量の費用は最低30万円、大きいもので１００万円以上かかるのが一般的です。

確定測量はいずれ必要になる手続きなので、自分が存命中にあらかじめ実施しておくと、前記のエピソードのようなこともなくなります。**無駄遣いではなく、必要な手続きをして財産が減るわけですから、むしろ前広に実施しておくべきこと**だと私は考えます。

子孫が売却するときに困らないように、自分が存命中に土地の全てについて確定測量を行っておくことを強くお勧めいたします。

おさらい

土地の確定測量をしておく

確定測量のメリット

売りやすくなる	土地の境界が未確定であることが原因で売却金額を低くしないと売れなくなるリスクや、売却そのものができなくなるリスクを減らすことができる
相続税が減る	確定測量の費用を支払うと、その分現金が減って(＝相続財産が減って)、相続税が安くなる

5 「不良顧客」は自分の代で解決する

子供や孫に地主業を継がせる前に、相場よりかなり安く貸している借主や滞納家賃がある借主をゼロにしておきましょう。というのも、**そういった借主は地主が代替わりしても解決できない「不良顧客」となるから**です。具体的には、次の2つの問題を解決し、後継者が安心できる経営環境を整えておきましょう。

1 家賃を相場並みに戻す

自分の兄弟や友人、または特殊な関係者（愛人など）に無償で貸している物件、相場よりも安い賃料で貸している物件は、次世代に事業承継する前に家賃を相場並みに戻しましょう。子供や孫の代になってから、その家賃を相場並みに引き上げようとしても、ほぼ不可能だからです。

一番多いパターンは、その借家人から「今まで安い家賃だったのに、突然高くなるのは納得いかない。理由を言え」と責められることです。このようなセリフを言われたが最後、後継者がその人を立ち退かせることは簡単でなくなります。そのような借家人は、自分に有利な条件しか受け入れないからです。例えば、エアコンや給湯などが新しくなるなど、「借り手の住環境の快適さが上がる理由」がないと、首を縦に振りません。しかも、そんな借家人でも、長期の家賃滞納などがないと、借地借家法の規定で、基本的に立ち退きを求めることはできないのです。

子供や孫では非常に困難な家賃交渉も、借家人と直接関係のあるあなたなら交渉できるはずです。自分の代のうちに話をつけておきましょう。

「子供が困らないようにしておきたいので、物件を承継させる前に家賃を相場並みに戻させてほしい」とストレートに申し出ます。すぐに応じてくれればそれに越したことはありませんが、その場で承諾を得られないなら、「いつから相場の家賃まで引き上げていいでしょうか?」と交渉し、合意を得たら念書を取り交わして、予定どおりその月から家賃の引き上げをしましょう。そうしておけば、自分が亡くなった後に、後継者が受ける地主経営上のリスクを最小限におさえることができます。

これは地主経営の面でプラスになるだけでなく、子供や孫の支払う相続税の節税にもなっている「一石二鳥」な手法なのです。あまり知られていないことなのですが、不動産を無償で貸すことは、相続税節税の面で悪影響を及ぼすのです。実際にあったケースをご説明します。

約40年前、兄Aの持っている一等地に弟Bが家を建てて住み始めました。弟Bはその土地を兄Aから無料で借りていましたが、その兄Aが最近亡くなりました。

兄Aは大地主であり、亡くなった後に兄の子C（弟Bから見れば甥）の相続税の申告が必要になったのですが、弟Bに貸している土地に問題が生じたのです。

もし兄Aが、この土地を相場の賃料で弟Bに貸していれば、相続税法上、この土地は「貸宅地」と呼ばれ、通常の土地の評価（自用地）から、かなりの評価減（最低30％減）をすることができました（自用地評価額が100だとしたら、貸宅地評価額は70［場合によっては60や50になることもある］となり、その分相続税が安くなった）。

しかし、このケースでは兄Aが弟Bに無償で貸していたため、通常の土地の評価（自用地）となり、兄の子Cが支払う相続税額が300万円も高くなったのです。

結局のところ、兄Aが不採算物件の生前対策をしていなかったツケを、兄の子Cが多額の相続税という形で支払う結果となったのです。

ちなみにその後、兄の子Cが弟Bに家賃を上げる交渉を行いましたが、やはり弟Bは首を縦に振らないまま現在に至っています。

2 家賃滞納をしている借主をなくす

滞納家賃が3か月以上ある借主には、その物件を即座に立ち退いてもらうよう毅然とした態度を取らなくてはなりません。

立ち退き訴訟を専門に手掛ける弁護士に聞いた話では、家賃の滞納が起こるケースは、滞納3か月までに督促を行わなかったなど、滞納者にきちんと対応しなかったことが原因のほとんどとのことです。

たしかに、弊社のお客様（大家さん）の場合でも、家賃滞納が3か月を超えていて完済してもらったためしはありません。

特に借家人が高齢者の場合の滞納は、保証人の代位弁済がないとまず不可能なのですが、最近は家族関係も希薄化し、保証人が責任を取らずに〝知らぬ存ぜぬ〟を決め込む事例が多発しています。

3か月以内であれば、滞納額が小さいので払ってもらえる可能性もありますが、1年、2年と長期にわたり滞納をしている場合は、滞納額が膨れ上がり保証人も支払えなくなってしまいます。

したがって、**家賃滞納が発生したら、すぐに毅然とした態度で滞納を一掃することに力を注い**

でください。

また、近年では、賃貸契約を結ぶ際、保証人ではなく家賃保証会社に保証をしてもらうことが一般的となっています。家賃保証会社は家賃滞納時に、大家さんに対して借主に代わって家賃を立て替え払してくれ、かつ借主に対して督促をしてくれる便利な会社です。家賃保証会社はビジネスライクに即時対応しますので、滞納額が膨れ上がることもありません。

今後は保証人に代えて、借家人に必ず家賃保証会社への加入を義務付けましょう。

さらに、近年では高齢化と独居の増加の影響で孤独死が増えてきています。今後の地主経営では、自分の物件で孤独死が発生するリスクと向き合わなければなりません。家賃保証会社によっては、孤独死特有の問題に対応する保証をしてくれるところがあります。

例えば、特殊清掃や残された荷物の処分費用などを負担してくれます。荷物の処分費しか出してくれない会社から、自動車の処分まで行ってくれる会社もありますので、加入時には保証の内容をよく確認しましょう。

6 老後の面倒を見る「人」と「お金」を決める

先代
本人
子
孫

どれだけお金を持っている人でも、老後の自分の生活には一抹の不安を抱えているものです。特に、老後の生活費を誰に出してもらうか、世間でもまだルールが確立されておらず、弊社に生前対策のご相談にいらっしゃるお客様を見ても、まちまちであるようです。

「親の面倒を誰が見るのか」は決めていても、「誰のお金で見るのか」もあわせて考えているご家庭は少ないのが現状です。しかし、これでは後で相続が発生した時に、相続人である子供たちが各々に「扶養にかかった費用をよこせ」と言い合って、相続争いの種になりかねません。

そこで、そのようなリスクを減らすためにも、年長者は自分の相続税対策と一緒に、自分の面倒を「誰」が「誰のお金で」見るのかを具体的に決めておくことが非常に重要です。ここでは、老後の生活を安心して迎えるために必要な「お金のルール」について説明していきます。

まず、**大前提として自分の老後の生活費は、自分のお金を充てましょう**。

次に、自分のお金を老後の介護・入院費用で使い切った場合、子供たちにその不足分を出してもらうよう約束を交わしておきます。後で兄弟間でトラブルにならないように、領収証などはきちんと保存し、兄弟のうち誰かが100%負担したり、あるいは兄弟で平等に分けたりするのがよいでしょう。**お金の支払い方をきちんと兄弟間で決めたうえで、誰が親の世話をするか検討すると、公平に親を養うことができる（誰かに負担が過度にかからない）ようになります。**

ここでは、自分の面倒を見る「人」と「お金」を決めておかなかったせいで、地主業の事業承継に失敗したケースをご紹介いたします。

大家法人を営むM家で、長い間、自宅介護の状態であった父が亡くなりました。相続人は、サラリーマンである長男と、親の介護をしていた長女の2人です。

長女は専業主婦で、嫁ぎ先から毎日実家に来て親の面倒を見ていました。ヘルパーやショートステイの費用は、兄弟間での取り決めがなかったので、とりあえず長女の夫の貯金や年金を使って支払っていました。

サラリーマンである長男は遠方に住んでいたこともあって、父の介護を手伝ったことは全くありませんでした。

ただ、代々続く地主だったこともあり、長男は当然のように自分が後継者であると思っていたのですが、長女が「あなたは父の面倒も全く見なかったし、その費用も一切負担したことがないので、この土地は私が全部相続する」と言い出したのです。

もちろん、亡くなった父には介護費用を賄えるほどの財産があったので、長女が負担した分を父のお金から支払うことは可能でした。

しかし、長女はそれまで父の介護に使ったお金だけでなく、自分が介護に費やした労力や時間をお金に換算して請求しました。たしかに介護などに要した労力を加味して、多少の増額はできるかもしれませんが、父の財産の全部を相続するという要求は過剰といえました。

そのような長女からの（ある意味理不尽な）要求を聞いて、長男は内心「事業経験のない長女が会社を引き継ぐと会社がダメになる」とは思ったのですが、争いを起こしたくはなかったので、大家法人の株を全て長女に相続させました。

長女はさっそく不動産経営に乗り出しました。しかし、長男が危惧したとおり、事業経験のない長女は、長年付き合いのあった業者の口車に乗せられ、収益性の乏しい物件に手を出したり、不要な生命保険に加入したりと、失策を続けてしまいます。

そのうえ、少し経ってから運悪く老朽化した賃貸物件に漏電が起こり、多額の損害賠償を店子に支払わなければならない羽目に陥りました。今まで貯めてきた余剰資金はゼロになり、予定していた建物の新築計画も頓挫してしまいました。

このケースでは、自分の老後の生活費を誰が負担するかを決めなかったばかりに、相続争いが発生し、承継した地主業は脆くも崩れてしまいました。

自分の老後費用の負担ルールを決めておくことは、特段の財産がない普通のご家庭でも非常に有効な取り決めになります。

ぜひとも早めにルール化することをお勧めします。

Part 2

不動産で
お金を増やすコツ

ここでは、不動産業者の上手な選び方、よい物件の選び方など、地主業でうまく財産を築いていく方法を解説していきます。あなたの代でキャッシュを増やしておけば、子供や孫のみならず、子孫の代まで地主業は安定するはずです。難しい計算式などは使っていないので、ぜひ概要を理解しておいてください。

1 不動産業者に騙されないように注意

先代 本人 子 孫

「毎日、複数の不動産業者が、入れ代わり立ち代わり新築アパートの営業をしていくのだけれど、その中からいい業者を見分けるコツはありますか」というご質問をよく受けます。たしかに、筋ワルな不動産業者は、一定数存在します。

しかし、こちらに寄ってくる不動産業者を全て疑わしいと決めつけてしまうと、真摯で正直な不動産業者さんも排除することになり、得する情報も入ってこなくなります。よい不動産業者のサポートなくして、賃貸物件の建築や購入、入居者募集、賃貸管理を円滑に進めることは難しいのも事実です。

そこで、悪い不動産業者に騙されないための2つのポイントと、悪い営業マンを見極める3つのポイントをお話しいたします。

1　悪い不動産業者に騙されないためのポイント

まずは悪い不動産業者に騙されないための心構えを頭に入れておきましょう。

①土地の有効活用の提案に安易に乗らない

1つめのポイントは、**土地の有効活用をうたって、郊外の田や畑などの人気のない土地に物件を建てさせる不動産業者の提案には乗らない**、ということです。

郊外の田や畑をいち早く宅地に転用したいという地主の気持ちも理解できます。しかし、人気《ひとけ》のない場所にアパートを建てて、誰が住むのでしょうか。入居者が付かず、結局のところ利回りの悪い「負動産」になってしまうだけです。そのような賃貸物件では、収入からローン返済と金利および所得税や住民税などの税金を差し引くと、キャッシュフローはマイナスになり、儲かるどころか、お金の持ち出しが増えてしまいます。

相続の場面でも、このような「負動産」を欲しがる人はいないので、遺産分割協議が揉めてしまい、相続争いが発生します。

そもそも土地の有効活用とは、アパートをやみくもに建てることではなく、土地の立地状況や形状、周囲の賃貸需要の有無、周辺人口の推移などを総合的に判断して、その土地の稼ぎ出すキャッシュフローを最大にする活用方法を選び、運用実行することです。

有効活用法が見込めない土地なのにアパートやマンションを建てさせようとする不動産業者とはお付き合いしないようにしましょう。

②利回りが低い建築計画を提案する業者とは付き合わない

2つめのポイントは、**相続税対策を前面に押し出して、利回りが低い建築計画を持ち掛ける不動産業者とは付き合わない**ことです。

じつは日本の相続税の仕組みでは、物件を建てて賃貸すれば、それだけで土地の相続税評価額は下がります。その意味において、賃貸物件の建築計画は利回りの高低にかかわらず、おのずと相続税対策になっているのです。

にもかかわらず、相続税対策というメリットのみを強調した営業をしているなら、利回りが低く、相続税評価額の低減効果以外にメリットがない物件である可能性が極めて高いのです。

2 悪い営業マンを見極めるポイント

次に、関わるべきではない悪い営業マンの特徴を説明します。

①宅建資格を持っていない

名刺に「宅地建物取引士」（宅建）の資格名が記載されているかどうかで見分け、資格を持っていないなら、お付き合いを避けましょう。

②強引に営業する

一度断ってもガンガン営業電話をかけてきたり、こちらから頼んでいないのに夜の時間に訪問してきて、なかなか帰らなかったりする営業マンは避けましょう。このような営業マンは、こちらが「買う」と言うまでしつこく粘り続けます。

③提案の内容が具体的でない

ローン先の金融機関の決定や金利プランの提案、購入費用の説明などがなく、提案内容のひとつひとつに選択肢が乏しい。このような営業マンは「いまこの物件を買わないとすぐに売れてしまいますよ」などと煽ってくることが多いので、冷静に対処しましょう。

地主と不動産業者とは利益相反の関係にあります。すなわち、業者が利益を得て得をすると、その分、地主は損をするのです。筋ワル不動産業者にクズ物件をつかまされないように気を付けましょう。

ちなみに、私のクライアントである地主さんの場合、新築物件を建てないかと言い寄ってくる不動産業者には、「そんなに儲かるなら、あなたが新築物件を建てて運用したらどうですか。私はあなたに土地を貸して、自分は地代をもらいますよ」と返すことにしているそうです。そう言われてまごまごしたり、はぐらかしたりする不動産業者は、何かしら後ろめたい思惑を持ってこちらに近づいてきていると考えて間違いありません。

あなたも、不動産業者がどこかあやしいと思ったら、そんなふうに聞いてみてはいかがでしょうか。

おさらい

不動産業者に騙されないように注意

悪い不動産業者に騙されないポイント

ポイント1　土地の有効活用をうたって、郊外の田や畑などの人気のない土地に物件を建てさせる不動産業者の提案には乗らない

ポイント2　相続税対策を前面に押し出して、利回りが低い建築計画を持ち掛ける不動産業者とは付き合わない

悪い営業マンを見極めるポイント

ポイント1　宅建資格を持っていない営業マン

（名刺に「宅地建物取引士」の資格名が記載されているかどうかで見分ける）

ポイント2　一度断ってもガンガン営業電話をかけてきたり、頼んでもいないのに夜の時間に訪問し、帰らなかったりする営業マン

ポイント3　ローン先金融機関の決定や金利プランの提案、購入費用の説明などがなく、提案内容のひとつひとつに選択肢が乏しい

（「買わないとすぐに売れてしまいますよ」など煽られても冷静に対処する）

2 キャッシュを増やせる物件を選ぶ

「不動産投資を始めようと思うのですが、どんな投資物件を買うといいですか」

このような質問は定番です。不動産投資は、最初のステップである「物件選びの良し悪し」で30年後の結果が見えてしまう世界です。**物件選びを間違うと、キャッシュを増やすことはできません。**

しかし、キャッシュを増やせる物件を一概に定義することは困難です。というのも、物件の個別性が高いため、実際に物件を選ぶ際には、物件の立地・築年数・修繕歴・価格・部屋のタイプ・居住者の属性・周辺人口数・交通機関の利便性・土地のブランドなど、さまざまな要素を考慮する必要があるからです。

とはいえ、それでは何も語ることができなくなってしまいますので、ここではそれらの諸条件を思いっきり単純化して、必要最低限押さえておくべき5つのポイントに落とし込んでみました。

初心者の方は、まずは、次の5つのポイントをトータルして物件を選びましょう。

1　表面利回り×稼働率＝8％以上である
2　土地の取引価格が実勢価格（相続税路線価×1・25）以下
3　都心で最寄り駅やバス停から徒歩10分以内
4　大工場やマンモス大学が近く、移転の予定もない
5　定期的に大規模修繕が行われている（壁面や共用部分がきれいに修繕されている）

それぞれ順に説明していきます。

1　表面利回り×稼働率＝8％以上である

これは収益力の指標になります。「表面利回り」とは、具体的には「1年間の家賃合計／物件価格」のことを言います。これが大きければ大きいほど、利回りがよい物件と言えます。この表面利回りに稼働率を乗じた「稼働表面利回り」が最低8％以上であれば、キャッシュフローが苦しくなることはありません。特に、1件目の物件を購入するときは、表面利回りはシビアに見ていくべきです。

2 土地の取引価格が実勢価格（相続路線価×1・25）以下

これは、資産の実際的時価（＝取引価格）が理論的時価（＝実勢価格）とどれだけ乖離があるのかを指します。

不動産投資の入り口は、物件を購入することからスタートし、古くなった物件の売却がゴールとなり、一連の投資サイクルが終了します。これを前提とすると、投資終了後の物件の売却金額が、物件を買った金額を大きく下回ると、売却時に損が出てしまい、最悪の場合、それまで貯めてきたお金を吐き出す結果になります。不動産投資終了後の出口戦略を考えると、最初に割高な価格で不動産投資をスタートするのは、ぜひとも避けたいところです。

ただし実際は、取引価格が実勢価格を下回る土地（割安な優良土地）が市場に出回ることは稀ですし、もし市場に出たとしても、すぐに売れてしまい、なかなかお目にかかれません。取引価格がおおむね実勢価格の2割増し程度までの範囲ならば、優良物件も多くみられるところから、割高ではない（安全な価格）と言えます。

3 都心で最寄り駅やバス停から徒歩10分以内

当たり前のことですが、交通の便利な場所にある物件は、その後の値崩れの心配もなく、不動産投資を終了させるときに大きな売却損を出すリスクも少なくなります。ましてや今後は人口減少が確実視される世の中になります。都市部といっても、人口が集中する場所と過疎が起きてしまう場所とに二分化されると予想され、都心でも不便な場所には空き家が多数発生します。

一方、社会の高齢化に伴い、地方都市でも車の運転に危険を覚え免許証を返納して、公共交通機関に頼る高齢者も多くなります。利便性のいい場所の人気は、高齢者を中心にこれからますます高まるでしょう。

これら2つの状況を考え合わせると、今後も確実に人気が高い土地は、都心で駅やバス停から簡単に歩いて行けるエリアです。もし人気《ひとけ》のない郊外に物件を求めるのであれば十分に注意が必要です。

4 大工場やマンモス大学が近く、移転の予定もない

3と同じ理由で､賃貸需要が確実に見込まれるのが､住む人の勤務先に近かったり学生街に立地したりする物件です。住人が工場に勤務している間や在学している期間中は引っ越しがなく、入退去の時期も一定なので、安定して満室経営をなさっている大家さんも多くいます。

注意すべきは、工場や大学の移転があると、あっという間に時価が下落して、買い手が付かない「ババ抜きのババ」状態になることです。

したがって、将来の移転情報については常に目を光らせておきましょう。

なお､これから新しく工場や大学の近くに賃貸物件を構えたい場合はひとつ注意が必要です。それは、その工場の勤務人数や大学の定員が少ないケースです。そのような場所での賃貸は、他の賃貸物件との競争が激しいので、家賃の金額を高くしすぎると、客ツキが悪くなり、稼働率が予想どおりに伸びないことがあります。工場や大学の近くの物件であっても、購入には十分に検討を重ねましょう。

5 定期的に大規模修繕が行われている

たとえ利回りのよい優良物件を賃貸しても、その物件がそれまで丁寧に管理されていなかった場合、大規模修繕などで多額の出費が必要になることがあります。そのために資金の手当てが必須になるので、前オーナーがどのような姿勢でその物件を管理していたのか、修繕履歴などを必ず確認しましょう。定期的に大規模修繕を行ってきたような丁寧な管理がされている物件を選ぶほうがよいでしょう。

実際は、これらの1～5のポイントを掛け合わせて投資判断をすることとなりますが、難しい場合は、仲介する不動産業者に「この物件を買うデメリットを教えてください」と聞いてみましょう。**左記5つのポイントのうち、3つ以上が当てはまらない物件は、初心者は手を出さないほうがいい**でしょう。

なお、より詳しく知りたい方は、『確実に儲けを生み出す 不動産投資の教科書』(明日香出版社)もご参照ください。

おさらい

キャッシュを増やせる物件を選ぶ

	物件選びのポイント
① 表面利回り×稼働率＝８％以上である	物件の収益力を表す指標。表面利回り×稼働率＝稼働表面利回りが８％以上あれば、当面キャッシュフローが苦しくなることはない
② 土地の取引価格が実勢価格（相続税路線価× 1.25）以下	資産の実際的時価（＝取引価格）が理論的時価（＝実勢価格）と、どれだけ乖離があるのかを表す指標。出口戦略を考え、最初に割高な価格で買わないために参考にする
③ 最寄り駅やバス停から徒歩 10 分以内	将来的な需要を検討する際の指標。交通の便利な場所は、その後の値崩れや、不動産投資を終了させる時に大きな売却損を出すリスクも少なくなる
④ 工場や大学が近く、移転の予定もない	将来的な需要を検討する際の指標。勤務先が近い物件や学生街の物件は賃貸需要が確実に見込まれる。ただし競合となる物件も多いため相場家賃には注意が必要。また学校の移転情報などにもアンテナを張っておく必要がある
⑤ 定期的に大規模修繕が行われている	利回りが高い物件でも適切な修繕が行われていない物件の場合、購入後に大規模修繕などのコストが発生する。定期的に大規模修繕を行い、丁寧な管理がなされている物件かどうか、前オーナーの管理姿勢や修繕履歴をチェック

3 金融機関の選び方を間違えない

不動産投資でお金を残すためには、利回りのいい物件や割安な物件を賃貸することが非常に大切です。しかし、それと同じくらい重要なのに、意外とおろそかにされていることがあります。

それは、「**金融機関選びと返済条件の検討**」です。

特に最初の物件を購入するときは、金融機関選びがとても重要です。最初の段階で金融機関選びを間違えて、せっかくいい物件を購入したのに、厳しい返済期間や高い利息のせいでお金の手残りが少ない地主さんはとても多いのです。そのような地主さんの大半は、返済条件の重要さを深く考えないで、銀行マンに言われるがまま安易に借入契約を結んでいます。その結果、交渉次第ではもっと低い金利で借りることができたのに、高い金利で借入してしまって、払わなくても良かった金利を支払っています。

それ以外にも、ローンの返済期間の検討が甘く、短期間で返済するプランを選択した結果、1回の返済額が大きくなってしまい、キャッシュフローが赤字になることもあります。

また、お金を借りる条件に、物件の価格の何割かの頭金を入れることが必須の場合があります。せっかくいい物件に巡り合ったのに、頭金が出せずに泣く泣く購入をあきらめざるを得ないこともあります。

そのようなことが起こらないようにするためには、「どこの金融機関から」「いくら」「どのような条件で」借りるかが非常に重要です。ここでは、返済条件を少しでもよくするために、以下の3つのポイントを説明します。

1 第二地銀か信用金庫を選ぶ（メガバンクから借りない）
2 お金と信用を積んでおく（税理士を通じて口座を作る）
3 物件情報と収支シミュレーションを持って相談する

1 第二地銀か信用金庫を選ぶ

基本的に、メガバンクの担当者はビジネスの規模として小口の融資（1億円以下）には興味を持たない傾向にあります。個人大家と親身になって付き合うマインドのある銀行マンは皆無という印象があります。金利水準も一律で、相談の余地はほとんどありません。将来、何かあった時も、寄り添って相談には乗ってくれません。今後も、肩入れしてもらえる可能性は0％でしょう。

これらは第一地銀にも当てはまります。地元の公金を扱う第一地銀は、いわゆる「殿様商売」をしており、かなり杓子定規な扱いを強いてくるようです。内部の銀行マンからも「うちの銀行は、小口の事業者にはお金を貸す気がないのかと思うこともあります。でも、上司の命令だから、何ともできないのです」などと内心を吐露されることもしばしばです。

一方、第二地銀や信用金庫はそのようなことはありません。大手銀行よりも事業者に寄り添って仕事をしてくれます。そうしないと、自分よりも大きいサイズの銀行に力ではかなわないからです。ときには、**事業者にかなりの肩入れをして相談や支援をしてくれます**。よくも悪くも属人的な提案が通りやすい組織風土であることが多いのが特徴です。特に、次のようなステータスの職員と仲よくなれればなおよいでしょう。

- 本部の事業者向け営業推進部署の職員
- 融資業務にやる気のある支店長
- フットワークの軽い支店の担当者

これらの職員で、さらに次の3つの特徴があればなお理想です。

・こちらの提案に耳を貸しつつも、盲点になっていることを教えてくれる
・経営上ダメなところがあれば、きちんと叱ってくれる
・お得な情報をいち早く教えてくれる

こういった人とは、人事異動で遠くに行った後も引き続き仲よくするべきでしょう。

2　お金と信用を積んでおく

お付き合いする金融機関を決めたら、顧問税理士と一緒に支店に赴き、融資担当者に対して口座開設をする旨を伝えましょう。または、自分が申告を依頼している税理士がその金融機関に顔が利くのであれば、税理士事務所まで担当者に来てもらって、口座開設事務を行ってもらいましょう。自分ひとりで銀行窓口まで行って、普通に口座を開設するのもいいのですが、税理士を通じて担当者を紹介してもらえば、その後は相談場所や開始時間、うまくいけば返済条件など、いろいろな便宜を図ってもらえるようになります。

加えて、普通預金の開設時に一緒に定期預金を組んだり定期積立を始めたりと、その銀行と積極的に関わっていく意思表示を行うことをお勧めします。というのも、銀行マンの一番の内部評価

ポイントは、新規顧客の獲得と、その顧客への融資の実行だからです。つまり、**お金と信用を積んでおくことになる**わけです。新規顧客が普通預金だけでなく定期預金や定期積立を行うと、普通預金だけの場合よりも、その銀行マンの銀行内の評価も上がります。そうすると、その銀行マンもあなたを間違いなく大切にするようになるでしょう。

3 物件情報と収支シミュレーションを持って相談する

1と2のプロセスと同時に、購入する物件を見つける過程に入ります。物件を購入する予定がないのに、銀行に融資の相談をしても満足な回答は得られません。「融資が先か、物件探しが先か」という質問をよく受けるのですが、これは確実に「物件探しが先である」というのが答えです。なぜなら、手ぶらで融資の相談をしても、購入物件の担保価格などがわからなければ、担当者も答えようがないからです。物件を購入する前に（または同時並行で）金融機関との関係を温めておくことが、よりよい返済条件をゲットするために必要なのです。

相談時には、次の3つのものを用意して銀行に行きましょう。

・物件情報がわかる資料（不動産業者に用意してもらいましょう）

・収支シミュレーション（不動産業者に作ってもらえるか聞いてみましょう）
・自分の源泉徴収票と資産・負債のわかるもの（預貯金通帳や有価証券取引明細、住宅ローンの返済予定表など）

顧問税理士がいる人は、まずどこか懇意にしている銀行があるか聞いてみてから、前記1〜3のプロセスを実行していきましょう。顧問税理士のいない人は、この項の注意点を踏まえたうえで、自分で近くの金融機関の門をたたいてみましょう。少しでも条件のいい金融機関と出会えるまで根気強く接触していくのがポイントです。

おさらい

金融機関の選び方を間違えない

金融機関選びと返済条件をよくするための３つのポイント

第二地銀か信用金庫	▶第二地銀や信用金庫は大手銀行よりも事業者の身近に寄り添って仕事をしてくれる ▶次のようなステータスの職員と仲よくなれればなお良し ・本部の事業者向け営業推進部署の職員 ・融資業務にやる気のある支店長 ・フットワークの軽い支店の担当者
お金と信用を積んでおく	▶顧問税理士と一緒に支店に赴き、口座開設をする ▶顔の利く税理士を通じて担当者を紹介してもらえば、返済条件など、色々な便宜を図ってもらえる可能性が高まる ▶同時に定期預金・定期積立を始め、その銀行と積極的に関わっていく意思表示を行うことがお勧め
物件情報と収支シミュレーションを持って相談	▶「融資が先か、物件探しが先か」答えは「物件探しが先」 ▶相談時には、次の３つのものを用意していくこと 1　物件情報がわかる資料 2　収支シミュレーション 3　自分の源泉徴収票と資産・負債のわかるもの（預貯金通帳や有価証券取引明細、住宅ローンの返済予定表など）

4 相続税対策の物件とお金を増やす物件は違う

不動産を購入して、相続財産の評価額を圧縮するのは相続税対策の王道です。しかし、多くの方が、不動産業者の説明を鵜呑みにして自分の財産状況に合わない物件を買わされているのが現状です。業者から提案を受けた時は、その提案が自分にとって正しい相続税対策になっているのか、はたまた間違った対策になるのか、十分な吟味が必要になります。

ここで、具体的な事例を考えてみましょう。

あなたは不動産業者から「相続税評価額（＝相続税の計算根拠）がとても低く、土地の時価が70％以下の駅近の中古物件」の購入を勧められました。さて、このような場合に、どこに着眼して購入を決めるべきなのでしょうか。

まず、**物件を購入する場合には、それが自分の財産状況にとってプラスに働くのか、マイナスに働くのかをよく考えて投資判断を行うことが重要**です。

このような駅近の土地は、駅自体の移転でもない限り、今後も人気が衰えることがなく、売却時に値崩れすることはないと予想されます。

また通常、土地は時価の80％相当額（20％の評価減）で評価されるように路線価が付されていま す。しかしこの場合、物件を購入するだけでそれを上回る30％の評価減を受けることができます。

このようなことが起こるのは、その物件に人気があるからなのです（詳しく言うと、土地の「実勢価格」よりも「実際の時価」が遥かに大きいことが理由なのですが、ここではそこまで踏み込みません）。

以上の理由から、そのような物件を購入すると、財産価格の評価減の効果がとても大きいため、それに連動して相続税も安くなることが期待されます。そんな物件は、金融資産（預貯金・株式）しか持っていない方には、非常にメリットのあるものです。なぜなら、物件を買っただけで購入金額の30％の評価減を受けられるうえ、豊富な資金力を背景に最低限度の頭金を入れて、残りをローンにしたとしても、その後の生活に困らないお金を残すことができるからです。

しかし、デメリットもあります。

それは、お金が貯まらないということです。人気のある駅近物件の場合、相場家賃に比して物件価格が高く、利回りは低くなりがちです。土地の値段が高いため、アパートを建てて運用したとしても、表面利回りは低くなります（その多くは5％～6％台。なかには4％台というものもあります）。この場合、キャッシュフローはトントンかマイナスとなるため、お金が貯まりません。

したがって、**お金を増やす目的で不動産投資を始める方が、いきなり相続税対策に効果のある**

物件を買うことはやめておきましょう。

地主のように資産を複数持っている人でもなければ、最初の2棟目くらいまでは、キャッシュを増やす物件を購入して投資に回し、お金が回るようになってから相続税対策のための物件を購入して、相続税評価額を減らしていくことが賢い投資方針です。

それでは、キャッシュを増やす物件とはいったいどのようなものなのでしょうか。ズバリ「利回りが高くて、物件を手放すときにも最初にかかった土地代以上の金額で売れる物件」です。

詳しくは**「2 キャッシュを増やせる物件を選ぶ」**（63ページ）の項で論じていますので、そちらを参考にしていただきたいのですが、高利回り（稼働表面利回り8％）で、実際の土地の取引価格が実勢価格（路線価×1・25）以下である土地に対する投資を意識して行ってみてください。

おさらい

相続税対策の物件とお金を増やす物件は違う

	相続税対策	お金を増やす
相続税評価減	大	小
利回り	低	高

➡ お金を増やす目的で不動産投資を始める場合、いきなり相続税対策に効果のある物件を買ってはいけない

5 すべての土地にアパートを建てるべきか

「ただ更地にしているだけだと、土地の固定資産税が高いので、その土地にアパートを建てようと思うのですが」という質問をよく受けます。たしかに、更地よりも建物が建っている土地のほうが固定資産税が安くなるうえ、アパートの賃料収入が入ってきます。さらに土地の相続税評価方法も連動して下がります。なぜかというと、相続税の土地の評価方式が、自分で使っている土地の評価額（自用地《じようち》評価額）から、その土地の建物ごと他人に貸している土地の評価額（貸家建付地《かしやたてつけち》評価額）に変更されるからです。

貸家建付地は他人に貸しているため、自用地のように、自分で１００％は自由に使えません。相続税の計算でも、自用地よりも低く土地の評価をするルールになっています（最低9％の評価減。銀座などの一等地では30％以上評価額が下がることもあります）。

「アパートを建てると相続税対策になる」とよく言われるのは、じつはこのようなロジックで相続税が下がっていくことになるからです。更地へのアパート建設は、地主にとって固定資産税が下がり、家賃収入が入り、相続税も安くなるという〝一石三鳥〟のとてもいい方策なのです。

しかし、私はお客様からアパート建築のアドバイスを求められた時は、「**すべての土地に建物を建てないで、あえて更地を一部残しておきましょう**」とお伝えしています。なぜなら、更地を残すことで、急にお金が必要になった時にその土地を売って、キャッシュをすぐに手に入れられるからです。特に専業地主の場合、土地はあるのにキャッシュをあまり持っていないという弱点がありますが、更地を残しておくと不動産をスピーディーに売ることができ、その弱点をカバーできます。

その更地をどのように活用しておくべきかというと、駅や空港の近く、商業地に隣接した土地なら、駐車場（青空駐車場か、駐車場業者に依頼してコインパーキングとして運営する）にしておくのがベストです。

逆に、住宅地や郊外の土地を駐車場にするのはやめましょう。なぜなら、住宅地や郊外の土地は駐車場のニーズが少ないからです。そのような土地は、コンテナ倉庫などで活用することをおすすめします。コンテナ倉庫は、初期投資は低くて済み、かつ売却が決まるまでの短期間の契約でも大丈夫という業者も多いので、流動性を高く保った賃貸経営を行うことができます。コンテナ倉庫業者への申し込みはとても簡単に行うことができますので、ネットなどで調べてみてください。

おさらい

すべての土地にアパートを建てるべきか

アパート建設は一石三鳥

固定資産税	土地を更地のままにせず、アパートなどを建てて貸せば、固定資産税が安くなる
収益	家賃収入が得られる
相続税	自用地評価額から、貸家建付地評価額に変更され、相続税が下がる

↓ しかし

急にお金が必要な時に
売りにくい

↓ そこで

あえて一部更地で残す
（駐車場やコンテナ倉庫として活用する）

↓ すると

**お金が必要になったら
すぐに売却できる**

Part 3

地主業を次世代に託すための活動

自分の代で地主業を廃業しないために、子供・孫に対して行うべき活動について説明します。特に子供の配偶者選びは重要です。彼・彼女たちにも地主業を担ってもらわなければなりません。他にも、幼いころの習い事、生前贈与にも気を配る必要があります。ぜひ参考にしてください。

1 子供の配偶者を見極める

地主業を次世代へ託すために、意外に知られていない大事なポイントがあります。それは、家族、さらに言えば**配偶者が地主業経営を手伝ってくれるか**どうかです。会社経営者と違い、地主は子供を後継者に指名して任せればそれで終わり、というわけにはいきません。なぜなら、すでに仕事の仕組みが完成し、後継者が社長になってもこれまで通りビジネスが回る会社組織と異なり、地主業は地主自身やその家族がみずからプレイヤーとなって手を動かす必要があるからです。たとえ管理会社に管理を任せていたとしても、**大きな意思決定から細かい経費の管理まで、地主自身や家族が行わなくては、地主業は回らない**のです。

家賃管理や修繕の手配、物件の清掃・除草、役場での手続き、銀行とのやり取り、経費の支払い、帳簿付けなど、業務ひとつひとつの難易度は高くないものの、それらが一度に重なったりすると、全部をひとりでやるには厳しく、家族の協力が不可欠となります。

特に後継者がサラリーマンで、毎日残業で遅くまで仕事をしていたり、出張や単身赴任を強いられたりする環境にいると、地主の業務の大部分を配偶者に手伝ってもらわなければ地主業を回していくことは不可能と言っていいでしょう。

ですから、子供に地主業を継がせようとするなら、事前に「子供の配偶者になる人が地主経営に向いているか」を確認しなくてはなりません。これは地主経営において意外に見落とされている点です。このキーポイントをきちんと確認せずに、地主経営向きでない配偶者を迎えてしまったために没落地主になりかけている事例をご紹介します。

1 配偶者が原因で不動産業がうまくいかないケース

N氏は、都心の一等地に賃貸マンションを持っています。N氏自身はサラリーマンであり地方に単身赴任をしています。そのため入居者の新規募集や賃借人の面接、家賃のチェック、修繕の手配など、賃貸マンションの管理は奥さんがひとりで行っています。物件は一等地のため家賃も高く設定でき、N氏の親の代でローンも完済しています。

このようにN氏の賃貸経営はかなり条件に恵まれており、普通に経営していればお金は貯まる一方で、N氏はサラリーマンの給料とあわせ、左うちわの生活を送れるはずでした。

しかし現実は、賃貸マンションの固定資産税の支払いに困るほど、資金繰りに窮しているのです。

原因はN氏の奥さんが賃貸経営に向いていなかったことにあります。

奥さんは賃借人に対する評価がとても厳しく、ほとんど入居を許可しませんでした。新規入居者が部屋を借りる際の面接では、男女とも目じりが吊り上がっている人はなぜか落とされます。その理由は、奥さんがツリ目の人が嫌いだという理不尽なものです。入居者は少しでも髪の毛を染めているとNG。水商売や工場の夜勤の人は断られます。

このマンションの1階には飲食店が3店舗入居していますが、すべてのお店に対して、ごみ捨ての時間を厳しく要求したり、行列客のマナーに対し口うるさく指導したりします。少しでもルールが守られていないと夜中でもお店に苦情を言いにいきますし、いきなり警察を呼ぶこともしばしばです。

「先代からの入居者だから、これでも大目に見てあげてるのよ。言うこと聞かないと退去してもらうよ！」というのが奥さんの口癖です。このような大家さんの物件に誰が入居したいと思うでしょうか。退去者が続出するのも無理はありません。

N氏がこのマンションを母親から継いだ時には満室経営だったのですが、わずか5年で稼働率は50％を切るようになってしまいました。

それでも、奥さんのふるまいは全く変わりません。むしろ日に日に極端になっていますが、N

氏は奥さんの尻に敷かれたまま何も言えずにいます。このままいくと、親から引き継いだ一等地のマンションを売る日もそう遠くはないでしょう。

不動産は大きな収入をもたらしてくれる財産ですが、経営者の性格に難があると、逆にすぐに負の財産となってしまいます。

N氏の奥さんの話は極端な例ですが、どのようなキャラクターの人が後継者の配偶者になるかによって、地主一家の未来は左右されるということを表した好例だと思います。

2 地主業を行うのに向いている性格

それでは地主向きの性格とはどのようなものなのでしょうか。

①〝一見〟おおらか

まずは人当たりがよくて、入居者にきちんと挨拶ができる人です。ちょっとしたルール違反には目をつぶり、違反を見つけても優しく諭すような態度をとります。

とはいえ、単なるお人よしではありません。家賃を常習的に滞納したり、夜間に騒ぎ近隣の住民に何度も迷惑をかけたりする入居者には、弁護士を通じ毅然とした対応をします。

優しかったり厳しかったりと、一見「ジキルとハイド」のように見えますが、別に不思議なことではありません。その性格の特徴を抽象的に捉えると、「感情的にならずに長期的視点に立って損得を考えることができる人」といえるからです。そのような人に座右の銘を尋ねると「損して得取れ」とおっしゃいます。そういった性格なら地主業をスムーズに継続できます。

② 貯金好きで地味な生活でも満足できること

昔の地主は大農家がほとんどでした。そのため、利益の源は農作物収入でした。しかし、現在の地主業は、アパートなどの家賃収入が利益の源です。どんな田舎でも小作人と田畑さえあれば成り立っていた農作物収入と異なり、家賃収入はアパートの立地や競合などのバランスを欠くとすぐに没落してしまいます。

具体的には、自分の物件の周囲に新築マンションが建ってしまい、賃料の値下げをしないと新規入居募集ができなくなる。大学や工場の近くに建っていたので、そこの学生や工員が継続して入居してくれていたが、大学の移転や工場の閉鎖で、今後はその物件は閑古鳥が鳴くことが避けられない。新しい道路や地下鉄路線ができて人の流れが変わってしまったので、人口そのものの流出が見込まれ、物件の稼働率が低下するなど、賃貸業は周囲の環境の変化があった場合、その影響をもろに受ける業種なのです。

地主業を続けるうえで大切なのは、外部環境が激変し家賃収入が減少した場合に備え、貯金と節約を心がけることです。

貯金や生活費の見直しなどの具体的な方法はここでは立ち入らないことにしますが、確実に言えることは、自分の子供が相続し、地主になった後も幸せに暮らせるように

- 子供が配偶者を選ぶ際に、お金のかかる人を選ばないようにしてもらう
- 子供がどうしてもその人と結婚したいならば、少しでもつつましい生活ができるようにアドバイスする

という点を徹底しなくてはなりません。

とはいえ「貯金がいくらあるのか」と結婚相手に単刀直入に聞くのは生々しいし、答えてくれない可能性もあります。何よりも質問したあなたの心証が悪くなるのでお勧めしません。

3 子供の配偶者が持つお金の意識を見極める質問

「子供が好きになった人は、お金が貯まる人なのか」を確認するには、貯金の額ではなく、以下の3つの簡単な質問をしてみてください。私の経験則ですが、浪費家かどうかの見極めには、効果てきめんです。

「掃除は好きか？」

国税にいたころの経験として、掃除好きに浪費家はいませんでした。

「好きなファッションは？　衣服はどこで買うのか？」

ブランド好きな人は間違いなくモノの収集そのものが好き。不要なものまで衝動買いする危険性が高そうです。

「今まで行った旅行先の中で、どこが一番良かったか？」

この質問のポイントは、行先ではなく宿泊先に焦点を合わせること。高級温泉宿やラグジュアリーホテルの話がバンバン出てくるようであれば、お金の使い方が荒い人かもしれません。

もし、お金の意識が低い人と子供が結婚することになったら、地主業が外部環境の変化に弱いこと、他の職業に比べて貯金と地味な生活の両方が必要なことを説明してあげてください。

また、後継者候補の子供が1人しかいない場合、結婚相手が地主業に向いているかの判断を前記のポイントで確認するとともに、子供にはそのような気がなくても、こちらの家に婿・嫁入りできるかどうか、あるいは自分の養子になれるかどうかを必ず聞いておきましょう。そうしておくと将来的に財産が他家に散逸する可能性が減り、相続税も相続人が増えて有利になるからです。

もし婿・嫁としてふさわしいと見極めたら、できるだけ早く結婚するようにお願いしてみましょう。今の時代、地主業を継いでくれるような結婚相手を探すのは至難の業ですから、その方を大切にしましょう。

「自分の代で没落地主になりたくない」と思うなら、長期的視野を持って物事を進めていきましょう。

おさらい

子供の配偶者を見極める

1
配偶者が地主業を手伝ってくれるか（意志の確認）

2
配偶者の性格が地主業に向いているか（キャラクターの確認）

- "一見"おおらかな性格か：細かいことには目をつぶり、「損して得取れ」の精神を持っているか
- 貯金を好み地味な生活に満足するか：環境変化に備え貯金ができ、少ない生活費でもやりくりできるか

➡ 地主業の存亡を左右する、配偶者候補の意志とキャラクターは必ず確認しよう！

2 子供が結婚したら行う税金対策

先代
本人
子
孫
子供が結婚したら行う税金対策

子供の結婚が決まったらすぐにできる税金対策があるのをご存じでしょうか。代表的なものを2つご紹介いたします。

1 子供の結婚式や新婚生活に必要な費用を出す

結婚式場の代金、結婚式に出席する親戚の交通費・宿泊費、新婚生活に必要な家具や家電など必要最低限の身の回り品の費用を親や祖父母が支出してあげると、現金がその分少なくなるのでダイレクトに相続税の生前対策になります。

税法のルールでは、夫婦や親子、兄弟姉妹など扶養義務者から生活費や教育費に充てるために取得した費用で、通常必要と認められるものに対しては贈与税が課税されません。ここでいう「生活費」とは、その人にとって通常の日常生活に必要な費用をいい、「教育費」とは、学費や教材費、文具費などをいいます。

生活費や教育費をあげるときに、贈与税がかからないようにするポイントは、必要な都度・直接これらに充てるということです。このルールを踏まえると「結婚式を挙げた本人たちに渡さずに、式場やホテル、家電量販店などに、請求された金額通りに直接支払う」ことがポイントとなります。

業者から請求された金額どおり直接支払えば、金額がいくら大きくなっても構いません。そもそも税法では、子や孫の結婚式・披露宴の費用を支払った場合、いくらまでなら贈与税がかからないかは決まっていません。

注意すべきは、**生活費の贈与をする場合に、必要な金額を超えてお金を渡さないこと**です。余ったお金を貯金したり、そのお金で株や不動産などを買ったりすると、その部分に贈与税がかかるからです。

子供や孫の門出に資金的な援助をしたいというのは、親の人情です。しかし、間違った方法で贈与してしまうと、せっかくあげたお金に贈与税がかかってしまい、もらった方も迷惑です。

正しい贈与の知識を使って、子供や孫の明るい未来を後押ししましょう。

なお、この内容をもっと詳しく知りたいあなたは、次ページの国税庁のホームページをご確認ください。

『扶養義務者（父母や祖父母）から「生活費」または「教育費」を受けた場合の贈与税に関するQ&A』（国税庁ホームページ）

https://www.nta.go.jp/law/joho-zeikaishaku/sozoku/131206/index.htm

2 「住宅取得資金贈与の特例」でマイホーム購入資金の援助をする

子供がマイホームを購入する場合に、多くの親御さんが資金援助をなさっていると思います。前述のとおり生活費の資金援助は非課税です。しかし、贈与されたお金でマイホームを買うと、そのお金には贈与税がかかります。子供から見ると、せっかく両親からマイホーム購入の資金をもらったのに、そこに多額の税金がかけられてしまうのでは意味がありません。下手をすると資金不足でマイホームを購入できなくなってしまうかもしれません。

このような税の失敗を避けるためには、税金の特例を用いましょう。具体的には「住宅取得資金贈与の特例」というものです。

ざっくりと説明すると、「子や孫が両親・祖父母からマイホーム購入の資金をもらったときは、一定の金額（贈与を受けた年によって異なる）まで、贈与税を非課税にする」という内容です。この特例を受けるにはたくさんの要件をクリアしなくてはなりません。主な要件を挙げると以下のようになります。

・父母・祖父母から子や孫に対する贈与であること（注：配偶者の両親からの贈与は×）
・子や孫の年齢が、贈与があった年の1月1日に18歳以上であること
・子や孫の所得が2000万円以下（稼ぎの大きい人は使えない。また、年により金額は異なる）
・贈与年の翌年3月15日までに住宅を購入して住むこと（まだ住んでないけど、確実に住むことが見込まれる場合もOK）

非課税額は、贈与を受けた年によって異なります。過去には非課税額が3000万円もあった時期がありました。多額の非課税枠を活用できることもあってこの制度はかなり人気があり、税理士としてよく相談を受けます。

子供や孫がマイホームを購入するときに、この特例を使わない手はありません。しかし、これを使う際には注意点がいくつか存在します。その中で失敗すると最もダメージの大きいものを1つご説明します。

その注意点とは、「**贈与税がゼロだったとしても期限内に申告をしなくてはならない**」ことです。

たとえ、税額がゼロだったとしても、贈与のあった翌年の3月15日までに贈与税の確定申告を税

務署に提出しなければなりません。期限内に提出しなかった場合、非課税の特例を受けることはできず、非常に多額の贈与税が発生してしまいます。

じつは税法の中には、納税者が申告をうっかりミスしたり忘れてしまったりしても、大目に見る規定が含まれているものがたくさんあります。後々ちゃんと手続きをとればよい税金であれば、申告を忘れたり遅れたりしても大きな問題にはなりません。

しかし、住宅取得資金贈与の特例には、そのような規定は含まれていません。つまり、翌年3月15日より1日でも遅れて申告したら、非課税規定を使うことはできないのです。その場合、通常の贈与税の計算が適用されるので、最悪の場合、何百万円もの贈与税が子供や孫にかかってしまいます。

それでは申告をした場合としない場合とで、いくら税金の差が出るのでしょうか。1500万円の住宅取得資金贈与が受けられる人の数値を見てみましょう。

1500万円※もらった人が、贈与を受けた年の翌年3月15日までに
（ア）申告書を税務署に提出していたとき→贈与税ゼロ
（イ）申告書を提出しなかった場合→贈与税410万円

となり、その差は一目瞭然です。期限に遅れて申告した場合は「非課税の特例を使うことが全

※特例の限度額は年により異なる

く許されない」のです。

住宅取得資金の贈与をする前から、いずれは申告が必要になることを絶えず意識して、贈与の翌年3月15日までに確実に申告書を税務署に提出できるように準備しておきましょう。

「申告しなくてもバレなきゃいいだろ」と思っている方が、いつの世の中にも一定数存在しますが、そのような考えは今すぐ捨てましょう。税務署からすれば、親から資金贈与を受けたかどうかは資金の流れを見ればすぐにわかります。そんな危険なことをせずに、必ず期限内に申告しましょう。

申告書という紙1枚で追徴リスクがゼロになるのですから、やらないでおく法はありません。

おさらい

子供が結婚したら行う税金対策

	内容	注意点
結婚式費用 家具・家電費用 の支払い	結婚式の費用や新婚生活に必要な家具や家電など必要最低限の身の回り品の費用を、両親や祖父母が支払う	結婚式を挙げた本人たちにお金を渡さず、式場やホテル、家電量販店などに、請求された金額通りに直接支払う
住宅取得資金 贈与の特例を 使う	特例を使いマイホーム資金を非課税で贈与する 【主な特例の適用条件】 ▶父母・祖父母から子や孫に対する贈与であること ▶子や孫の年齢が、贈与があった年の1月1日で18歳以上であること ▶子や孫の所得が2,000万円以下であること (年により金額は異なる) ▶贈与年の翌年3月15日までに住宅を購入して住むこと	贈与のあった翌年の3月15日までに贈与税の確定申告を税務署に提出する

➡ 税金の知識を駆使して、若い2人の門出に非課税でお祝いを!

3 英語・ピアノ・絵画・ゴルフを習わせる

私のクライアントにはお孫さんの教育に熱心な方がとても多くいます。

祖父母が孫の教育費を支払うと贈与税がかからないため、今すぐできる相続税対策として私もよくお勧めしています。この考えを進めていくと「せっかく孫の塾の費用を出してあげるなら、孫にとって一番有用な習い事ってあるのかしら」という疑問が生じるのではないでしょうか。

そのような疑問にお答えします。じつは、地主業を含めてビジネスをうまく回すために、自分の子孫に身につけさせておくべき最強の習い事があるのです。

それは「**英語**」「**ピアノ**」「**絵画**」「**ゴルフ**」の4つです。

まず英語は言うまでもなく、世界共通の言語であり必須です。ＩＴ技術の進歩により世界のボーダレス化が進むなか、英語でのコミュニケーション能力の重要性はますます高まっています。流ちょうに話せなくても、相手の言っていることの意味を最低限理解することと、自分の意見をきちんと相手に伝達することがワンセットで必要になります。

さらに近年は、英語が公用化されている企業も出てきました。それなのに自分の子供や孫を英語が理解できないままにさせておくことは、将来の可能性を狭めてしまうことになりかねません。ただし、グローバル社会で生き抜くためには、英語が話せるだけではもはや不十分です。ただ英語が喋れても、話の内容にビジネス以外の教養や専門分野以外の知識が盛り込まれていないと、薄っぺらな人だとレッテルを貼られ、周囲に相手にされないことになるからです。

英語が話せるだけの人間からさらにワンランク上の人材になるためにはどのような知識が必要なのでしょうか。成功したお金持ちを多く観察してわかったことは、「無趣味の人は少なく、音楽か美術かスポーツの趣味を持つ人が多い」ということです。それも、創業時の余裕があまりないころから、それらを趣味にしていた人の割合が多いのです。そのような方々とお付き合いしてわかったことなのですが、彼ら・彼女らが成功した理由は、次の2つに集約されます。

① 趣味を持っていると周囲に人が集まる

音楽や美術、スポーツに詳しいと、普段の会話で自然とその知識が醸し出されてきて、非常に博学な人という印象を与えます。まわりから尊敬されるようになり、たくさんの人、特にお金持ちが集まってきます。お金持ちは、普通の人が知らない儲け話などの情報を持っていますから、自分に利益のある情報を得られます。成功者は常にそういった人たちに囲まれているのです。

②ビジネス以外の教養がビジネスアイデアを生み出す

自分の専門分野しか知らない人に成功者はいません。その分野で当たり前だと思われていること、すなわち常識を疑わないからです。新しいアイデアを生み出すことができないため、変革を起こせないのです。

いつの時代でもイノベーションを起こすのは、さまざまな分野からヒントを得て、それを自分の分野に持ち込んだ人です。**音楽・美術・スポーツの分野などから概念を借用してきて、自分の分野で新しい世界を作り上げていく**のです。

イノベーションのヒントを得られる分野で、幼いころから比較的容易に習得できるのがピアノ・絵画・ゴルフなのです。

子供や孫に何か習わせたいが、どれがいいのか思案しているあなたは、英語のほかに、ピアノ・絵画・ゴルフを勧めてみて、その学費を出してあげるのはいかがでしょうか。

もちろん、子供や孫に無理強いはできませんし、無理にやらせても身につかないでしょう。科学や生物、天体などに興味を持ったなら、それでも構いません。経済的に援助してあげましょう。習い事は子供や孫だけでなく、自分の税金対策にもなり、まさに一石二鳥なのです。

おさらい

英語・ピアノ・絵画・ゴルフを習わせる

子供・孫にとって一番有用な習い事

英語	グローバル人材となるためには必須の能力、必ず身につけさせたい
ピアノ 絵画 ゴルフ	成功しているお金持ちが共通して持つ教養を学ぶことで、人が集まる魅力的な人材となる能力、新しいビジネスアイデアを生み出す能力を身につけられる

➡ 税金対策になるうえ、子供・孫の将来のためになる習い事はまさに一石二鳥！

4 「とりあえず生前贈与」は結局損になる

先代
本人
子
孫

唐突ですが、税理士が相談者からされて一番困る質問は何だと思いますか。それは、財産の情報を何もこちらに伝えずに「私も生前贈与した方がよいでしょうか」というものです。その人にとって生前贈与が損か得かは、その人が亡くなったら相続税がかかるかどうかに依存します。「贈与の話なのに、亡くなった後にかかる相続税のことがなぜ関係あるのか」と不思議に思ったかもしれません。

その答えを導き出す手がかりとして、ここでは贈与税のない世界を考えてみましょう。

もし、この世の中から贈与税の仕組みがなかったら、賢明な大金持ちは自分が元気なうちに財産を子供や孫に生前贈与するでしょう。財産を残して亡くなったら相続税がかかりますが、生前贈与して財産をほとんど残さなければ、相続税はかからないからです。

そして、贈与税という仕組みがない以上、生前贈与に対しても贈与税はかからないことになります。

勘のいいあなたはこれでおわかりだと思います。

じつは贈与税は、タダで財産をもらったことが理由でかかる税金なのではありません。お金持ちに財産の生前贈与をさせないようにする（自分の財産を生前贈与で減少させないようにする）税金なのです。このような理由から「贈与税は相続税の補完税」と言われています。

ちなみに、イギリスでは１９７４年まで贈与税の仕組みがありませんでした。そのため、貴族や大地主は代々、一定の年齢になると子供や孫に生前贈与を繰り返し、歴代にわたって相続税を免れており、それが身分の固定化につながっていると批判されていました。

社会的な問題を抱えつつも、生前贈与は現代でも認められた手続きであり、これを上手に活用することは、金銭的に非常に得になることも事実です。

そこで、生前贈与を上手に行うために、最低限押さえておくべき3つのポイントを挙げておきます。

1　贈与税の仕組みを押さえておく
2　自分が亡くなった時の相続税額を確認しておく
3　自分の老後の資金は自分のお金で賄うと決めておく

それでは、それぞれのポイントを具体的に見ていきましょう。

1 贈与税の仕組みを押さえておく

贈与税には大きく分けて「暦年贈与」と「相続時精算課税」という2つの方法があります。

暦年贈与は、1人の人間が1年間（1暦年：毎年1月1日～12月31日の期間）にもらった金額の合計から110万円（基礎控除額）を差し引いた残りに税金がかかる仕組みです。ざっくり「1年間に誰かからもらった金額が110万円以下ならば税金はゼロ」と覚えておけば大丈夫です。

ちなみに、もらった金額が多ければ多いほど、かかってくる税率も大きくなります（これを「超過累進税率」と言います）。

相続時精算課税は、一定の手続きをすると、贈与した財産について累計2500万円まで贈与税を課さない代わりに、生前贈与した財産であるにもかかわらず、贈与した人の手元にあたかも財産が残っていると考えて相続税を計算する仕組みのことです（令和4年度税制改正により、令和6年1月1日からは、年間110万円までの相続時精算課税贈与も非課税［ゼロカウント］となり、2500万円部分に加算されないことになります）。

税法上の定義は難しいので、相続時精算課税の要素を箇条書きで説明すると次のようになります。

・もらった人は累計2500万円まで無税（年間110万円を超えた分の合計）
・もらった金額が年間110万円以下の場合、贈与税の申告は不要（110万円を超えたら申告が必要）
・あげた人の相続税は、財産が残っているものとして相続税計算（ただし、年間110万円以下の相続時精算課税贈与分は非課税）
・選択には一定の手続きが必要（ちなみに一度こちらを選択すると暦年贈与には戻れない）
・財産をもらう人（18歳以上※）は、財産をあげる人（60歳以上※）の子供か孫に限る（養子も含む）
などの条件がある

暦年贈与は仕組みがシンプルで、相続税対策に効果的です。一方で、相続時精算課税は新たに手続きが必要で、かつ節税のためには工夫が必要です。

結論を言うと、「**暦年贈与も相続時精算課税贈与も年間110万円までは無税**」と覚えておきましょう。

※贈与年の1月1日時点での年齢

2 自分が亡くなった時の相続税額を確認しておく

これまで見たとおり、相続税を減らすために生前贈与を活用することは非常に効果的です。

しかし、暦年贈与は超過累進税率を採用しているため、相続税に比べて同じ額の財産を贈与した場合の税金が高くなります。したがって、相続税がかかるかどうかわからない場合は、とりあえず生前贈与をするようなことはやめ、まずは簡易的に自分の財産状況を棚卸して、相続税がかかるのか、かかるとすればいくらくらいなのかをきちんと数字で見える形にしておきましょう（財産一覧表の作成手順については127ページにてご説明します）。

そうすれば、むやみに生前贈与したせいで、自分が亡くなった後に相続税の納税資金が不足して、子供たちが右往左往することもないでしょう。あくまでも、生前贈与は相続税の対策の一環であると位置づけて行動しましょう。

3 自分の老後の資金は自分のお金で賄うと決めておく

子供のお金をあてにして自分の老後の資金計画を立てることはできるだけ避けましょう。むしろ、自分の面倒を見てくれる人に対して、「自分の老後にかかる老人ホームの施設費用や医療費などは、自分のお金から優先的に支払う」と伝えておきましょう。そうすることで、残された家族は資金的にも安心できるうえ、自分の余分なお金が減るため、税金の支払いも減るからです。

また、老後の生活費を自分のお金で支払えば、子供から見ると親（自分）の養育費を支払わずに済むということになります。どの子供からも養育費をもらっていなければ、親の死後、親の養育費を出した子供と出さなかった子供との間で、養育費の補填を巡る争いが起こる、などといった問題が生じなくなります。

自分の生涯を賄う生活費は自分で拠出することを第一に考え、それでもまだ剰余分があれば生前贈与に向けるというのが、子供の将来も考慮に入れた素晴らしい対応なのです。

「よくわからないままとりあえず生前贈与してみよう」と考えるのは、後でよくない結果を生み出すことだと理解しましょう。

まずは、自分が亡くなった時にかかる相続税額と、今後の老人ホーム費用や医療費をざっくりと見積もってみることから始めましょう。

おさらい

「とりあえず生前贈与」は結局損になる

生前贈与を上手に行うポイント

贈与税の仕組みを押さえておく	暦年贈与 1年間に誰かからもらった金額が110万円以下ならば税金はゼロ 相続時精算課税 ・もらった人は年間110万円を超える部分の累計が2,500万円まで無税 ・あげた人の相続税が計算上は残っているものとして相続税計算 ・「一定の手続きが必要」「財産をもらう人（18歳以上※）は、財産をあげる人（60歳以上※）の子供か孫に限る（養子含む）」などの条件がある ※贈与年の1月1日時点の年齢
自分が亡くなったら相続税がいくらかかるのか押さえておく	・財産状況を棚卸し、相続税がかかるのか、かかるとすればいくらかを数字で見える形にする ・そのうえで、相続税を減らすために生前贈与を活用することは非常に効果的 ・むやみに生前贈与し、自分が亡くなった後に相続税の納税資金が不足して、子供たちが右往左往することを防ぐ
自分の老後の資金は自分のお金で出すことを決めておく	・自分の老後にかかる老人ホームなどの施設費用や医療費などは、自分のお金から優先的に使うように伝えておく ・そうすることで、余分にお金を残して税金を払わなくて済む ・さらに、親の養育費を出した子と出さなかった子との間に、親の死後その補填を巡って争いの種を残さずに済む

➡ ・贈与税は相続税の補完税。超過累進税率なので正しく贈与しないと失敗する
・相続税額がわからないまま、むやみに生前贈与するのはよくない結果を生む

Part 4

財産を相続させるための備え

地主の相続・事業承継は、本人・子供・孫の三世代が一緒に取り組むことがベストです。まずは相続する人たちが地主の仕事について理解するところから始めます。そして、財産の内容をみんなで共有し、来る相続に備えましょう。あらかじめ準備をしておけば、しっかりと節税ができ財産が残ります。

1 親の地主業を子供にしっかり見せておく

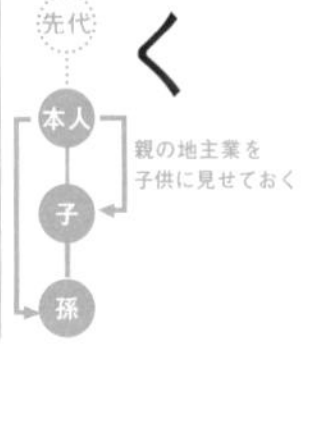

地主のお客様から「地主業を息子に継がせたいのだが、最初に何をさせればいいのでしょうか」と聞かれることがあります。そのような時、私は「**まずは今の状況を親子で共有しましょう。そして、さらに収益を上げるための課題を設定しましょう**」とお答えします。

後継者が地主業をスムーズに継ぐためには、まず自分の物件へ興味を持つことが必要です。地主業にとって物件は「商売道具」だからです。

大工や左官などの職人は、自分の使っている道具を非常に大切に扱います。自分の道具を粗末に扱っては、いい仕事はできません。それは地主にとっても同じことです。

地主も、自分の商売道具である賃貸物件の性質や特色をつかむことで、物件の持つ長所と短所を生かした不動産経営が可能になります。具体的には、以下の情報を親子で共有しましょう。

① 物件の所在地

貸している物件がどこにあるのか。駅近か郊外か。複数所有している場合はそれぞれの場所は近いのか遠いのか、などの情報を押さえます。近くに駅や学校、工場などがあり借り手が付く見込みがあるのか。逆に人気《ひとけ》がなくてすぐにでも手放したほうがいいのか、などを確認します。

② 物件の種類

貸している物件は土地なのか建物なのか。土地ならば建物が建っているのか、駐車場として貸しているのか。貸している物件が建物ならば、住宅用か事業用か、何階建てか、などの基礎的な情報を押さえます。

建物が古い場合は、いつ建て替えるか、または建物を取り壊し、更地にして土地を貸すか、あるいは売るか、などの判断が将来的に必要になります。

建て替えが必要な場合は、手持ち資金で建て替えるか、ローンを借りて行うか、などの財務的な課題もあわせて検討します。

③ 物件の築年数

建物の築年数は重要な情報です。築15年～20年ほどで一度目の大規模修繕が必要になり、家賃も下げないと借り手が付かなくなってきます。その後も経年劣化に伴う修繕を行うことを前提に予算を組むことが重要になります。

④物件ごとの月額家賃と賃借人の情報

月額家賃は現在いくらかはもちろん、それまでの値下げの履歴も確認します。家賃は一度下げるとなかなか元に戻せません。過去の値下げの理由となぜそのタイミングで値下げしたのかを把握しておけば、次に値下げするタイミングを間違えずに済みます。

賃借人情報も重要です。賃借人の性別、一人暮らしか家族での居住か、既婚か未婚か、子供がいるのかいないのか。勤務先と雇用形態、滞納歴、保証人・保証会社の加入の有無などの情報を押さえておくと、何かあった場合に迅速に対処できます。

⑤物件の収益性と月額キャッシュフロー金額

物件から1か月いくら収入が入ってきて、どのくらい返済があり、税金（所得税・住民税・固定資産税・事業税）がいくらかかっていて、手残りはどれほどなのかを見える形にしましょう。

不動産投資は、冷徹な数字の分析がすべてです。金額を確認しておくと、新しい物件を建築・購入する際にも、過去のデータを参考にすれば、収益力の悪い不良物件を購入してしまうこともなくなります。

⑥物件の購入時の時価と現在の時価

物件をいくらで買ったか、その物件は今売ったらいくらで売れるのかといった情報には、常にアンテナを張っておいてください。

購入時の価格よりも現在の売却価格のほうが高い場合は、このまま賃貸を続けるよりも、即時の売却を検討することも大事です。なぜならば、不動産投資は、保有中の収入（インカムゲイン）もさることながら、最後に手仕舞いするときの売却益（キャピタルゲイン）が非常に重要だからです。多額の売却損（キャピタルロス）が発生すると、それまで貯めてきたインカムゲインが一瞬で吹き飛んでしまいます。物件の売却時価（特に土地の価格の変動）には常に敏感でいてください。

なお、売却益が発生すると、個人地主には売却益の約2割の税金（所得税と住民税）がかかるので、売却を検討する際には、税金の効果も考慮してください。

⑦物件ごとのローン残高と返済年数

残っているローンを、あと何年間かけて返していかなければならないのか、物件ごとにきちんと把握しておきましょう。

物件の時価が上がったからといって何も考えずに物件を売却してしまうと、売却利益で残ったローンを完済しても、税金を加味すれば結局キャッシュフローがマイナスになってしまいかねません。

これらのことはあくまで一例ではありますが、親から引き継いだ不動産を子供がそのまま貸すだけでは、安定経営を行えないことがわかるでしょう。

後継者が、これらの情報を常に意識し続けるためには、物件に愛着と関心を持つ必要があります。そこが地主の事業承継のスタートなのです。

子供に地主業を引き継ぎたいと思っているなら、まずは物件の所在地と種類の一覧だけでも作り、子供と一緒に現地を訪問するのがよいでしょう。

おさらい

親の地主業を子供にしっかり見せておく

	今の状況を親子で共有	さらに収益を上げるための課題の設定
物件の所在地	▶貸している物件がどこにあるのか ▶駅近か郊外か、物件の場所は近いのか遠いのか	▶近くに駅や学校、工場などができて借り手が付く見込みがあるのか ▶人気がなく、手放したほうがいいのか
物件の種類	▶貸している物件は土地なのか建物なのか ▶建物は建っているのか、駐車場として貸しているのか ▶住宅用か事業用か、何階建てか	▶いつ建て替えるか、またはその建物を取り壊して、更地にして土地を貸すか売るか ▶手持ち資金で建て替えするか、ローンを借りて行うか財務的視点もあわせて検討
物件の築年数	▶築15年～20年程度で一度目の大規模修繕が必要 ▶家賃も下げないと借り手が付かなくなる	▶経年劣化に伴う修繕が行われることを前提に予算を組む
月額家賃 賃借人の属性	▶月額賃料、家賃の値下げの履歴把握が重要 ▶賃借人の性別、一人暮らしか家族か、既婚か未婚か、子の有無、勤務先と雇用形態、滞納歴、保証人や保証会社の加入の有無	▶過去の値下げのタイミングと理由を押さえ、次に値下げするタイミングを間違えないよう備える ▶賃借人の属性を押さえることで、何かあった場合に迅速に対処することが可能
収益性 月額キャッシュフロー金額	▶１か月いくらの収入が入り、返済があり、税金（所得税・住民税・固定資産税・事業税）がかかり、結局手残りはいくらなのかを把握する	▶将来新しい物件を建築・購入する際に収益力の悪い不良物件を手に入れないために、過去のデータを参照できるように整えておく
購入時の時価 現在の時価	▶物件をいくらで買ったかと、今売ったらいくらで売れるのかについての情報に対しては、常にアンテナを張る	▶今すぐ売ったほうがいい場合は、このまま賃貸を続けるよりも、売却を検討することも大事 ▶売却益の約２割の税金（所得税と住民税）がかかるので、税金の効果も考慮が必要
ローン残高 返済年数	▶残っているローン額 ▶あと何年間かけて返していかなければならないのか	▶売却利益が出てもそのお金で残ったローンを完済してしまうと、税金も含めキャッシュフローがマイナスになる恐れもある

2 相続対策を三世代で行う

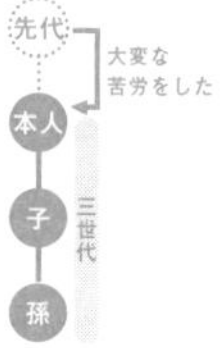

相続がスムーズに進んでいるご家庭では、地主が子供と一緒に、時にはお孫さんまで巻き込んでご自身の対策をしています。なぜかというと、**自分が若いころに先代の相続で大変な苦労を経験しているから**です。そのような苦労をもう二度と子供や孫に味わわせたくないという想いから、三世代で対策をなさっているのです。

祖父母（本人）自身が相続対策を行う前に、先代以前の相続でどのような苦労があったのか、あらかじめしておいたほうがいいことは何か、後悔したことはあるかなど、三世代で語り合う時間をとってみてはいかがでしょうか。

1 相続対策を三世代で行うメリット

三世代ワンチームで対策を行うメリットは、大まかに言って次の2点にあります。

① 祖父母（本人）の相続の準備が次世代（孫）の相続対策の練習になる

相続時の公的申請手続きや相続税の手続きに必要な書類の種類などは、時代を経てもほとんど変わらないので、そこで得た知識をそのまま使うことができます。家庭で生じる相続の悩みや〝争族トラブル〟の原因も、時や場所を問わず変わらない、いわば普遍的なものです。

したがって、祖父母の相続対策を次世代もしっかりと経験しておけば、**将来、次世代が自分の相続手続きをする際、経験を活かしてスイスイと対策を進められます**。

② 祖父母（本人）の相続財産を子や孫が把握できる

相続税の税務調査が行われるのは「相続人（子）が知らない財産が申告から漏れている」時です。そんな財産が出てきてしまうのは、亡くなった人が相続人に財産の情報を手渡していないからです。財産がどこにどれだけあるのか、相続人があらかじめ知っておけば、申告漏れを未然に防ぐことができ、税務署が調べに来ることはありません。

2 祖父母が一緒に対策したくない場合の対応

ここまでのお話は自分が祖父母の立ち位置でした。

ここまでのお話で、相続対策を祖父母・子供・孫の三世代で一緒になって行うことのメリットはご理解いただけたと思います。

しかし、子の立場から見て自分の親（孫の祖父母）が自分の財産を知られたくないなどの理由で、一緒に相続対策したくない場合は、どうすればいいでしょうか。

じつはそのような場合にもとても有効な方法があります。それは最低限、**「祖父母（先代）は過去の相続において相続税を支払ったか、その時の納税資金はどのように確保したのか」だけでも共有すること**です。

平成27年に相続税の課税が強化され、相続税の課税対象者が増えました。そのうえ、昔は今よりも子供の人数が多く、したがって相続人も多くいました。そのため、今と財産額が同じだったとしても、以前は相続税がかかりづらい時代でした。そんな時代に相続税を支払っていたとすれば、今の祖父母の財産を相続すれば、いうまでもなく相続税がかかる可能性は高いと思って準備しなければなりません。過去に相続税をいくら支払って、その資金はどのようにして手当てしたか、その情報だけでも共有しましょう。

世代が変わってもその家庭の経済状況が一気に変わることはほぼありません。相続税納付のために過去に土地を売っていたのなら、次も同じ対応が必要になる可能性が高くなります。

おさらい

相続対策を三世代で行う

メリット

1. 祖父母（本人）の相続対策の準備が、次世代（孫）の相続対策の練習になる

- 相続時の公的申請手続きや相続税の手続きに必要な書類の種類などは、時代を経てもほとんど変わらないので、得た知識をそのまま使うことができる
- 家庭内の相続の悩みや争族トラブルの原因も、時や場所を問わず変わらない、いわば普遍的なもの

2. 祖父母（本人）の相続財産を全員で見える化でき、税務調査リスクが激減する

- 相続税の税務調査が行われるのは「相続人が知らない財産が申告から漏れている」とき
- 祖父母の財産が、どこに、どれだけあるのかを相続人が知っていれば、財産の申告漏れを未然に防ぐことができる

↓

自分の財産を知られたくないなどの理由で、
祖父母（先代）が一緒に相続対策をしない場合は……

対応

「過去の相続において相続税を支払ったか」
「その時の納税資金はどのように確保したのか」
だけでも確認しておく

3 自分の財産の内容を子供や孫に開示する

相続対策の第一歩は、祖父母であるあなたの財産の内容を子供や孫に開示し、お互いの認識を共有することから始まります。具体的なステップとしては次の3つが挙げられます。

1 自分の財産一覧表を作る

預貯金・株式・土地・建物・貸付金などのプラスの資産だけでなく、アパートローンや借金などのマイナスの資産も記入して、子供や孫に対して「どのような財産（種類）がどこ（場所）にどれだけ（量・金額）あるのか」を見える形にします（作り方は次項にて説明します）。

当たり前のことを言うようですが、自分で築いた財産でも、自分が死んだら子供や孫のものになります。つまり、自分の財産は自分だけのものではないのです。だからこそ**財産の内容は自分だけで囲い込まずに、次世代にその情報を知らせておくことが大切**です。情報共有をすれば、子供や孫が財産をもらった時に、どのように分けるか、相続税をどの預金から支払うか、持っている不動産の経営を誰が引き継ぐか、などの意思を子供や孫とともにあらかじめ決めておくことができます。これにより相続争いのリスクは激減します。

「2　相続対策を三世代で行う」（119ページ）でも論じましたが、自分の相続対策は三世代で進めるのが望ましい方法です。

孫に若いうちからこのような経験を積ませ、相続リテラシーを高めておくと、今後の相続においてもその経験が活かされることとなり、末代までお金に困らないようになるでしょう。

日本の場合、お金に関することを大っぴらに話すことは「はしたない」という考え方がまだまだ主流です。しかし、お金の正しい扱い方を知らないばかりに、トラブルに巻き込まれ、無用の争いが起こってしまうことも事実です。

自分の財産を開示しないのは、次世代の大切な学びの場を奪うことです。子供や孫のためにも財産状況をオープンにしましょう。

3 場合によっては遺言書を作成する

話し合いの内容を遺言書に記すことで、さらに自分の想いを実現できます。

自分の想いをきちんと伝えるためには「公正証書遺言」の方式で遺言書を作る必要があります。

これは、公証人に遺言の内容を説明し、それに基づいて公証人が内容を正確に文章にまとめて遺言を作る方式です。手数料を支払ったり、証人（2名以上）が必要だったりと手間はかかりますが、自分の想いを確実に形にしたい方には必須となるものです。

ただし、遺言書を作成する際には注意すべき点もあるので、Ｐａｒｔ１**「3『遺言書があれば大丈夫』のウソ」**（37ページ）もあわせてチェックしてください。

おさらい

自分の財産の内容を子供や孫に開示する

三世代で認識を共有するための3ステップ

財産一覧表作成

預貯金・株式・土地・建物・貸付金・アパートローン・未払金など、「どのような財産（種類）がどこ（場所）にどれだけ（量・金額）あるのか」を見える形にする

分け方を考える

財産情報を共有し、どのように分けるか、相続税をどの預金から支払うか、持っている不動産の経営を誰が引き継ぐか、など意思を子供や孫とともにあらかじめ決めておく

遺言書作成

話し合いの内容を「公正証書遺言」の方式で遺言書に記すことで、さらに自分の想いを実現させることができる

4 生前に準備する財産一覧表

どんな人でも自分の財産のことはよくわかっているものです。使っている銀行の名前、預金残高、証券会社の担当者の氏名、保有する株式の銘柄、銀行から借りているお金の額など、頭の中で思い出すだけなら難しくはありません。

しかし、これから相続対策を行うためには、自分の財産の状況を家族の誰もがわかる形にしておかなければなりません。つまり、自分の財産の「見える化」が必要なのです。

そのために作成したいのが「財産一覧表」です。

財産一覧表をもとに家族で話し合いの場を持つことができれば、相続対策の半分は終わったも同然です。

この項では、財産一覧表の作り方を具体的にお話しいたします。

手順は、大きく分けると4つのステップに分かれます。

ステップ1　必要な書類を用意する
ステップ2　財産一覧表を埋めていく
ステップ3　子供や孫と一緒に自分の財産分割案を立てる
ステップ4　相続税がかかるか確認する

ステップ4は税理士に依頼すればよいので、ご自身ではまずステップ3まで理解してください。
それでは、具体的に見ていきましょう。

ステップ1　必要な書類を用意する

財産の「見える化」のために最初に手を付けるべきことは、財産の種類と数量がわかる書類を手元に準備することです。具体的に準備する書類は以下のものです。

・預金通帳（現在使用しているもの）

・固定資産税課税明細書（毎年郵送されてくる納税通知書）
・有価証券取引残高報告書（直近分、証券会社から送られる書面）
・生命保険の保険証券
・銀行借入金返済予定表
・敷金管理表（個人地主の場合）
・所得税青色申告決算書直近1年分（個人の場合）
・法人税申告書及び決算報告書直近1年分（法人の場合）

ステップ2　財産一覧表を埋めていく

ここでは相続税の簡易計算までできる財産一覧表のひな型を記載しました（137ページ）。財産一覧表のひな型は巷にたくさん出回っていますが、多くの場合、その形式は財産の種類と数量までであり、肝心の金額（相続税評価額）まですべてわかるものはほとんどありません。相続税評価額の計算はとても難しいので、特に土地・建物の評価額を一般化して一覧表に盛り込むことができないからです。しかし、相続税評価額がある程度わからないと、家族で公平な遺産分割の話し合いや相続税対策の検討はできません。

そこで、私がお示しする財産一覧表の形式は、**簡易な相続税評価額を盛り込み、最低限の相続税対策ができるようにしています**。病院の検査にたとえると、いわば「簡易検査キット」のようなものです。

まずはこの「**相続税簡易検査キット**」（137ページ・巻頭付録）で、あなたの財産に相続税がかかるのか確認してみましょう。

それでは、「相続税簡易検査キット」の内容と記載方法について見ていきます。

「1　土地」

手元に「固定資産税課税明細書」を用意し、以下の欄を埋めていきます。

- **所在（地番）：　「固定資産税課税明細書」の所在地番を転記**
- **地積（㎡）：　同じく地積を転記**
- **地目：　同じく地目の欄を転記**
- **固定資産税評価額：　同じく固定資産税評価額を転記。「固定資産税課税標準」というものがありますが全く別物です。間違えてこれを記載しないようにしてください**

・持分割合：　共有物件の場合、記載されている持分割合を分数（○／○）で記載
・倍率（1・2）：　実務上、相続税評価額は固定資産税評価額の約1・15倍と定められています。しかし、実際は土地によってバラつきがあるため、この表では余裕をみて1・2倍の評価をします。なお、土地の中には「路線価」が付されているものもあり、そのような土地は本来、（このように倍率を使わずに）路線価方式という方法で評価します。路線価方式で計算ができるなら、路線価方式で評価した金額を概算相続税評価額に記載しても差し支えありません

「2　建物」

基本的に「1　土地」の欄と同じなので、違う部分だけに絞って説明します。

・所在：　家屋番号がある場合は、それも記載
・用途：　賃貸物件（お金をもらって貸している）か賃貸物件以外（自分で使っている、無償で貸している）のどちらかを選択
・倍率：　賃貸物件の場合は「0・7」、賃貸物件以外の場合は「1・0」と記載

「3　現金・預貯金」

手元に通帳や定期預金証書を全部用意します。

・残高：　タンス預金なども含めて自宅にある現在の金額を記載
・〇〇銀行〇〇支店／口座番号／直近の残高：　通帳を見ながら記載
・管理者：　通帳を実際に管理している人（本人の場合は、本人や自分）を記載

自分のお金を子供の名義など他人名義で預けている場合は、それも自分の財産になりますので忘れずに記載してください。

「4　投資信託・上場株式等」

手元に証券会社から届いた取引残高報告書（取引明細書）を用意します。

・株式の銘柄／種別／数量／単価／評価額／証券会社の名前など：　取引履歴に書いてある「お預り金銭・お預り証券等残高の明細」から転記

預貯金の場合と同じく、自分のお金を使って他人の名義で株式投資している場合は、自分の財

産になるので忘れずに記載してください。

「5 その他の財産」

この欄には、1～4以外の財産を記載します。

- **貸付金、未収金、会社オーナーの有する自社株式などを記載**
- **貸付金や未収金は貸している金額を記入**
- **自社株式については、暫定的に発行価額（最初の出資金額）と発行株式数を記載**

自社株式の評価は、本来とても難しいものです。株の評価に関することだけで本を一冊書けるだけの論点があり、プロの税理士でも評価を誤ることが多い分野です。自社株式を持つ人（会社オーナー）は、相続対策のために必ず税理士に相談してください。

「6 死亡保険金」

相続人が受け取る死亡保険金は、法律上亡くなった人の相続財産ではありません（ちなみに、受け取った人の固有の財産として取り扱われます）。しかし経済的には、亡くなった人から財産を受け取ったのと同じ効果があるため、相続税実務上、生前対策の際には本来の相続財産（預貯金や土地建物）と同じく扱います。

手元に生命保険の保険証券を用意してください。

・保険証券から、死亡保険金の額（亡くなったら払われる保険金額）を契約ごとに転記。契約が何口もある場合はそれらをすべて記載し、（A）欄にて合計する

・相続人の数を確定させたら、相続人の人数×500万円を死亡保険金の合計額から差し引いて、評価額を求める（マイナスになる場合、評価額はゼロと記載）

図表内の数値例は以下のとおりです。

死亡保険金の受取合計額：　3000万円（相続人が3人の場合）

3000万円－（3人×500万円）＝1500万円（相続税評価額）

「7　負債」

手元にローン返済予定表、青色申告決算書（貸借対照表部分）、借入金借用書、預り敷金明細書などの負債の金額がわかるものを用意します。

相手先ごとに負債の金額を記載していくのですが、ひとつだけ注意点があります。それは、団信（団体信用生命保険）に加入している場合の住宅ローンやアパートローンの取り扱いです。

団信とはローン返済期間中に借り手が亡くなった場合に、借り手のローン残高がゼロになる保険契約のことです。残高があっても、亡くなったら返さなくていいものなので、住宅ローンやアパートローンに団信契約が付されているものは、負債の項目に「例）アパートローン（団信付）」と記載したうえ、残高を0と入れておくと相続税対策を考えるうえで間違えずに済みます。

ステップ3　子供や孫と一緒に自分の財産分割案を立てる

ステップ2で入力した「相続税簡易検査キット」1～7をもとに、子供や孫と一緒に財産の分割案を考えていきます。

まずは、自分の財産なので自分の発案でざっくりと財産を分けてみましょう。その際に、誰にあげていいのか悩むものはひとまず棚上げにして、分割できそうなものからサクサク案を考えていきましょう。分割案は紙でもエクセルでもよいのですが、必ず記録しながら考えるのがコツです。そうすると、分割漏れが減り、二度手間にならずに済みます。

ひととおり全部の財産の仮分割が終わったら、子供や孫にそれを見せながら自分の意思を説明し、同意を得ておきましょう。反対意見が出たり将来の見通しが不明だったりするなどの理由で、仮分割の方法を決めきれなかった場合には、一度立ち止まって、保留とわかるように目印をつけておきましょう。

反対が出た場合、その意見を頭ごなしに否定すると、相続の会議が〝争族〟の原因になってしまいます。反対する人には、必ず「なぜそう考えるのか」と理由を聞き出してください。

もし、仮分割案について家族全員が満足するコンセンサスが得られなかったとしても、どこまで同意できるのかを確認しながら生前対策を進められれば、仲たがいをして口もきかなくなるといった最悪の事態は防ぐことができるでしょう。

「金の切れ目が縁の切れ目」にならないように冷静さを忘れないで話し合いを進めてください。

ステップ4 相続税がかかるか確認する

財産の分割案を立てたら、相続税がかかるのかを確認しましょう。

「相続税簡易検査キット」の「8 資産負債合計表及び簡易相続税可否判定表」には、1～7で記入した、資産の種類ごとの評価額が転記されているはずです。それらを合計して資産合計の評価額を算出します。その合計額から負債の合計金額を差し引いた金額が「一定金額」以上あると相続税がかかる可能性が出てきます。

「一定金額」（図表内の［C］）の計算方法は以下の通りです。

計算式：　3000万円＋（600万円×相続人の数）

この相続人の数の中に養子がいる場合、計算方法が難しくなるので、図表では全て実子として例示します。

配偶者と実子の場合

- **配偶者と実子1人　↓　相続人は2人**
- **配偶者と実子2人　↓　相続人は3人**

※以下、子供が1人増えるごとに相続人の数が1人増える。

配偶者が不在の場合

- **配偶者不在（死別か離別）で子供が1人　↓　相続人は1人**

・配偶者不在（死別か離別）で子供が2人 ↓ 相続人は2人

※以下、子供が1人増えるごとに相続人の数が1人増える。

この一定金額を差し引いた（d）の額がマイナスであれば相続税は発生せず、プラスであれば相続税が発生する可能性が出てきます。

ただし、あくまでこれは〝簡易検査〟ですから、この段階で相続税の発生が認められたとしても、実際の分割の方法によっては税額が減少する可能性があります。

ここから先はぜひとも税理士さんにご相談をお願いします。

相続人が3人の場合の財産一覧表記入例

財産一覧表（相続税簡易検査キット）

令和　X年　X月　X日

氏名　くま野　くま夫

1　土地

所　在（地番）	地積（㎡）	地目	固定資産税評価額（A）	持分割合（B）	倍率（C）	概算相続税評価額（A×B×C）
A県B市C町1-1	300㎡	宅地	5,000,000	1	1.2	6,000,000
S市N町55番地	600㎡	宅地	7,000,000	1	1.2	8,400,000
	㎡				1.2	0
	㎡				1.2	0
	㎡				1.2	0
	㎡				1.2	0
不動産登記簿謄本（登記事項証明書）から作成。			概算相続税額合計			14,400,000

保有している土地を記入する。倍率（C）は余裕をみて1.2倍としている

2　建物

所　在（家屋番号も記載）	床面積（㎡）	用途	固定資産税評価額（A）	持分割合（B）	倍率（C）	概算相続税評価額（A×B×C）
A県B市C町1-1	100㎡	賃貸物件以外	1,500,000	1	1.0	1,500,000
S市N町55番地	200㎡	賃貸物件	3,000,000	1	0.7	2,100,000
	㎡					
	㎡					
	㎡					
	㎡					
不動産登記簿謄本（登記事項証明書）から作成。倍率（C）欄：賃貸物件⇒0.7、賃貸物件以外⇒1.0と記入			概算相続税額合計			3,600,000

保有している建物を記入する

賃貸物件の場合は倍率（C）が0.7、賃貸物件以外は倍率（C）は1.0とする

特典 ▶ この「財産一覧表（相続税簡易検査キット）」の白紙シートを、巻頭折込の裏面にご用意しました。ご自身の記入用にご使用ください。

3　現金・預貯金

金融機関の名称等	種別	口座番号・名義	（最終残高年月日）	管理者	残高
自宅現金	現金	―	（　年　月　日）		1,000,000
あさひ／大町	普通	1 2 3 4 5 6 7	（令和5年5月26日）	自分	10,000,000
あさひ／大町	定期	7 6 5 4 3 2 1	（令和5年5月26日）	自分	20,000,000
／			（　年　月　日）		
／			（　年　月　日）		
／			（　年　月　日）		
／			（　年　月　日）		
／			（　年　月　日）		
／			（　年　月　日）		
／			（　年　月　日）		
／			（　年　月　日）		
通帳現物から作成。自分のお金が入っている通帳は、名義を問わずに記載する。			概算相続税額合計		31,000,000

現金や普通預金、定期預金などを記載する

自分のお金が入っている通帳は、名義を問わずに記載する

4　投資信託・上場株式等

株式の銘柄等	種別	証券会社の名称	数量（株式数、口数）	単価	評価額
▲▲産業	投資信託・上場株式	○○証券	10,000	500	5,000,000
	投資信託・上場株式				0
	投資信託・上場株式				0
	投資信託・上場株式				0
取引明細書から作成。自分のお金で買ったものは、名義を問わずに記載する。			概算相続税額合計		5,000,000

投信、株などを記載する

自分のお金で買ったものは、名義を問わずに記載する

5　その他の財産

債務者名（相手先）	種類	（最終残高年月日）	残高
弟	貸付金	（R5年 5月31日）	2,000,000
		（　年　月　日）	
		（　年　月　日）	
		（　年　月　日）	
借用書などから作成。自社株式がある場合は、自社の貸借対照表から暫定的に自分の出資した金額を記載する。	概算相続税額合計		2,000,000

個人間の貸付、自社への貸付、自社株式などを記載する

6　死亡保険金

保険会社の名称	種類	保険証券番号	被保険者	証書の保管場所	死亡保険金額
くまさん生命	死亡	×××-×××	自分	金庫	30,000,000
保険証券・契約のお知らせから作成。 自分のお金で買ったものは、名義を問わずに記載する。			死亡保険金合計（A）		30,000,000
			相続人人数×500万円（B）		15,000,000
			概算相続税額合計（A-B） マイナスになった場合は、0と記載		15,000,000

保険金額を記載する

7　負債

債権者名（支払先・返済先）	種類	（最終残高年月日）	残高
××銀行　☆☆支店	アパートローン	（R5年5月31日）	25,000,000
母	借入金	（　年　月　日）	1,000,000
		（　年　月　日）	
		（　年　月　日）	
ローン返済予定表、青色申告決算書などから作成	概算相続税額合計		26,000,000

銀行ローンや個人間の借入、自社からの借入の残高を記載する

8　資産負債合計表及び簡易相続税可否判定表

財産の種類		金額
（1）土地の評価額合計		14,400,000
（2）建物の評価額合計		3,600,000
（3）現金・預貯金の評価額合計		31,000,000
（4）投資信託・上場株式等の評価額合計		5,000,000
（5）その他の財産の評価額合計		2,000,000
（6）死亡保険金の評価額合計		15,000,000
（a）資産の評価額合計（1～6の合計）		71,000,000
（7）負債の評価額合計		26,000,000
（b）資産の評価額合計（a）－ 負債の評価額合計（7）		45,000,000
（c）30,000,000+（6,000,000×相続人の数）		48,000,000
（d）{（b）－（c）}		-3,000,000
判定	（d）がマイナス⇒相続税の申告不要	（d）がプラス⇒相続税の申告必要

1～6の評価額を転記する

7の評価額を転記する

相続人3人の場合
30,000,000＋
（6,000,000×3）
＝48,000,000

資産の評価額合計(a)から負債の評価額合計(7)および基礎控除(c)を差し引いた(d)がマイナス300万円のため、相続税の申告不要と判定

5 手土産を持って隣地所有者に挨拶する

先代 本人 子 孫

Part1「4 土地の確定測量をしておく」（41ページ）では、隣地の所有者から確定測量の立ち合いの協力が得られずに、優良物件を貸すことも売ることもできなくなった地主さんのお話をご紹介しました。

なぜ、そんなことが起こったのでしょうか。

じつは、地主さんとそのお隣さんは、両家とも先代のころはお互いに仲が良かったのですが、今の代になってからちょっとしたトラブルがあり、何かとギクシャクするようになったのです。

それでは、代替わりしても隣地所有者と良好な状態を保つには、どうすればよいのでしょうか。

それは、**「財産一覧表」**（127ページ参照）に記載された土地に子供や孫と一緒に行き、**隣地の所有者と仲がいいうちに挨拶回りをする**のです。もちろん、その際には「虎屋の羊羹」のような手土産を持っていきましょう。そうすることで、子供や孫も自分が継ぐ物件に興味がわくうえ、隣地の所有者とも顔つなぎできることになり、まさに一石二鳥です。

隣地の所有者への挨拶は1回で終わらせずに、折に触れて子供や孫に顔を出させるようにしましょう。そうすれば、子供や孫をあなたの後継者と思ってもらえます。

将来、こちらから何かお願いする時も、逆に向こうの家庭からこちらに依頼事がある時も、お互いにスムーズなやり取りが期待でき、今後の地主経営にプラスに働くことでしょう。

ここでは、隣地の所有者への挨拶回りが、300万円の節税につながった事例をご紹介いたします。

「税務署の職員が突然、わが家にやってきた。追徴税が600万円くらいかかると言われた。どう対処すればいいのか教えて欲しい」

知り合いの女性からこのような相談を受けた時のお話です。

詳しく話を聞いてみると、その方は一人娘で、地主業を行っていたお母様から相続した土地を1年前に3000万円で売却したのですが、申告をするのを全く忘れていたとのことでした。

土地の売買履歴は税務署に筒抜けですから、税務署が調査にやってきたのも当然です。

土地を売った場合の税金の計算方法をざっくりと説明すると、売却した金額から、その土地を（お母様が）購入したときの金額などを差し引いて、その差額に税率をかけて求めます。

ところが、その女性の手元には、お母様が購入したときの契約書が残っていませんでした。税務署は、「お母様が購入した時の金額がわからないので、土地を購入した金額を特例計算（買った金額の5％）として計算し、差額の95％に税金をかけます」と伝えて帰ったそうです。計算すると、約600万円の追徴税額がかかることになります。

そこで「お母様が購入した時の契約書があれば、税額を安くすることができますが、何か手掛かりはありますか」と質問したところ、「母は隣地の所有者からこの土地を買ったので、その人から契約書のコピーをもらえる可能性がある」と答えました。

じつは、お母様はこのようなことを見越して、娘さんに隣地の所有者と顔合わせをさせ、その後も娘さんは隣地所有者にお歳暮を贈ったり年賀状を出したりして、友好な関係を築いてきたのです。

隣地の所有者に問い合わせしてみたところ、幸いなことに、契約書を保管されていました。それを税務署に見せて抗弁したところ、内容が認められることになり、追徴税額が300万円に減少したのです。

たった1枚の古い契約書が、まさに300万円の価値を持っていたのです。

あらためて考えると、**Part1「4 土地の確定測量をしておく」**（43ページ）で論じた失敗は、そもそも両家がギクシャクする前に、亡くなったお父様が確定測量の実施をしていれば良かったところに原因があります。

しかし、時を戻すことは誰にもできません。

だからこそ地主さんにとって、隣地の所有者と仲のよい関係を継続しておくことは非常に大事なのです。**良好な関係を自分の後継者である子供や孫に引き継がせておけば、まさに一家の不動産経営は将来にわたって盤石になります。**

あなたも土地の部分だけでいいので、さっそく「財産一覧表」を作成し、三世代で軽く挨拶回りをしてみてはいかがでしょうか。

Part 5

財産を相続したらやるべきこと

ここでは、地主の子供の視点から、親から仕事と財産を引き継いだらやるべき対策を説明します。自分の税金対策はもちろん、次に自分自身の子供に財産を相続させるところまで視野に入れて行動していきましょう。地主業は、数十年先の未来を見据えることが大切なのです。

1 親の税理士との相性を見極める

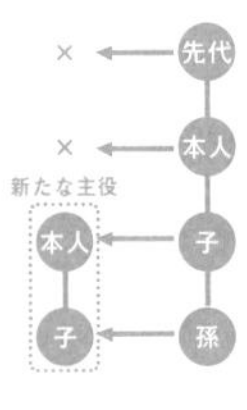

地主業を営むにあたり重要なのが、自分にとって最適な税理士の存在です。

地主の多くは親の代から税理士とお付き合いがあると思います。親の代からの税理士は過去の経緯も熟知しているため、引き続きその税理士に依頼しても大きな問題は生じないでしょう。

しかし、**親が依頼していた税理士が必ずしも自分にとって最適な税理士であるとは限りません。**そのような税理士を使い続けてしまうと後で苦労することになります。そのため、税理士は必ず自分の目でたしかめて選ばなくてはなりません。

それでは、自分に代替わりした後に、その税理士に引き続き依頼するかどうかは、どうやって決めればいいのでしょうか。見極めるポイントは3つあります。

①人柄

1つめのポイントは税理士の「人柄」です。いくら親と仲が良かったとしても、自分がその人を好きになれないなら、早めに契約を打ち切りましょう。何となくあやしく思えたり誠実さを感じなかったりと、自分の独断と偏見で決めても問題ありません。税理士と顧客というビジネスの立場だけでなく、お互いの私的な感情も地主業の基底にあります。**人間的に共感が持てない税理士とはお付き合いしないようにしましょう**。

②仕事の姿勢・スキル

2つめは「仕事の姿勢・スキル」です。具体的には、迅速なレスポンスや、納得感のあるアドバイスをくれるかどうか。それらは、その税理士が相続税務に精通している証左です。

逆に、親の代からの税理士であっても、積極的に相談に乗る姿勢が見られない、対応が遅い、アドバイスがあいまい、といった点が見られるなら、その税理士は相続税務の実務経験がないのかもしれません。その場合、相続対策に堪能な他の税理士を探すことをお勧めします。

③サービスの永続性

3つめのポイントは「サービスの永続性」です。税理士事務所の永続性と言い換えることができます。永続性を保つためには、税理士事務所自体が次世代に事業承継されなくてはなりません。ところが一部の税理士事務所は、自分たちの事業承継をおろそかにしています。それでは、顧客の事業承継をサポートできません。事業承継サポートは短くて5年、長い場合は10年程度の時間がかかります。途中で税理士が亡くなったり廃業したりすると、事業承継自体を行えなくなる恐れがあります。

特に、70歳以上の税理士の事業継続年数は、他の税理士に事業承継されなければ、せいぜいあと10年程度です。後継ぎのいない税理士に頼んでも、いずれまた別の税理士を探す手間が発生します。親が依頼していた税理士が高齢の場合で、その事業を引き継いでくれる後継者がいなければ、その税理士に依頼することは控えたほうがよいでしょう。

以上3つのポイントを踏まえて、親の税理士にそのまま依頼するのか、新しい税理士を迎えるのかを決めれば、今後も安定した地主業を行うことができるでしょう。

まずは、親が元気なうちに、親自身の確定申告や親が経営する会社の決算報告などに同席したり、税理士と会話してみたりして、人柄や対応のしかたを見極めていくことからスタートしましょう。

おさらい

親の税理士との相性を見極める

自分にとってよい税理士を見極めるポイント

人柄	▶自分が好きになれない場合には、契約を打ち切る ▶何となくあやしさを感じる税理士や誠実さを感じない税理士など、自分の人間的な独断と偏見で決めてよい
仕事の姿勢 スキル	▶相続対策への回答や相談の姿勢を確認 ▶レスポンスの遅さ、アドバイス内容のあいまいさがあるなら付き合いを控える
サービスの 永続性	▶税理士自身の事業承継プランはあるのか確認 ▶後継ぎのいない税理士に頼んでも、いずれはまた別の税理士を探す手間が発生

➡ 3つのポイントを踏まえて、今の税理士にそのまま依頼するのか、新しい税理士を迎えるのかを決めれば、今後も安定した地主業を行うことができる

2 親から相続したらすぐ行う税理士への対応

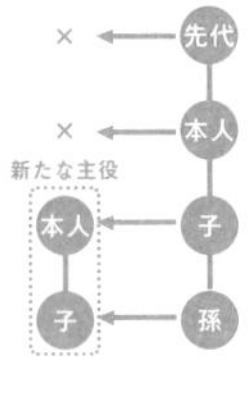

あなたは、親が亡くなって自分が相続財産を受け取ったら、最初にやるべきことは何かおわかりですか。ズバリ、**自分が不動産経営を行うにあたり、パートナーとなる税理士が必要かどうか見極めること**です。具体的には、次の2つのことを決定します。

1　親の税理士がいる場合にはその税理士とどう付き合っていくべきかを決定する
2　親が税理士を頼んでいない場合は、新たに税理士に頼むかを決定する

以下、それぞれについて説明していきます。

1　親の税理士とどう付き合っていくべきかを決定する

親の税理士とそのまま付き合うべきかどうかは、前項**「1　親の税理士との相性を見極める」**（145ページ）でも触れた3つのポイントをもとに考えていきます。

イ　その税理士が人間的・本能的に好きになれるか【人柄】
ロ　こちらがアドバイスを依頼した時の対応はどうか【仕事の姿勢・スキル】
ハ　その税理士自身が事業承継プランを持っているか【サービスの永続性】

親が依頼していた税理士が親の状況を一番熟知しているため、原則、その税理士に親の相続税申告を任せた方が、申告漏れなどの税務リスクが一番少なくなります。

しかし、この原則には例外があります。

まず、前記イに問題がある税理士には、親の相続税の申告を頼むことはやめましょう。そりの合わない者同士では、結局はお互いに円滑なコミュニケーションが取り合えないからです。特に後継者だからといって、自分を侮るような態度をとる税理士は避けるべきです。税理士とのコミュニケーションに問題がある場合、財産に含めるべきものが漏れてしまうなど、不完全な相続税申告になり、最悪の場合、追徴課税の憂き目を見てしまいます。

また、ロに問題があり、相続税のアドバイスを頼んでも、それに対するリアクションのない税理士は、そもそも相続税の知識・経験に乏しい場合が多いのです。税法の抜け道や特例などを知りません。申告書も財産評価の計算が甘く、依頼者が知らず識らずのうちに過大に相続税を支払ってしまう危険性が高くなります。

結局どちらにしても、あなたにはデメリットしかありません。

ちなみに、親の税理士と契約を打ち切る場合には、遅くても親が亡くなってから6か月以内に実行することをお勧めいたします。相続税の申告は、その人が亡くなってから10か月以内に行わなければなりません。相続税の申告には、少なくても3か月程度かかります。不測の事態に備え、1か月程度の時間的な余裕を盛り込むと、親の税理士の替え時は、親が亡くなって6か月以内ということになります。

ハについては、70歳以上で後継者がいない税理士には、親の相続税への対応を最後に、契約を終了させることが賢明です。そもそも相続税の生前対策は、10年～20年程度をかけて行うものです。70歳の税理士ではたとえ元気であったとしても、税理士として生きのいい時期は正味あと10年もないかもしれません。もちろん、70歳以上でも元気な税理士の先生はたくさんいらっしゃいます。しかし、税理士も人間です。高齢で病気になり、そのまま廃業するなどの不測の事態が生じるリスクもあります。その税理士がまだ元気なうちにあなたとの契約を終了させることが、後継者のいない税理士の立場から見ても、じつはありがたく思えることなのです。

2 親の税理士がいない場合は新たに頼むかを決定する

次の2つのうち、どちらかに該当するのであれば、税理士に業務を依頼する必要はありません。

1　申告書を税理士に頼らないで作ることができる
2　相続税の生前対策を自分で正しく行うことができる

1はそのままの意味で、自分や家族でパソコンを使って申告書を作ったり、税務署に行って相談しながら申告書を書いたりできる場合です。

2は、家族の仲がよく、大地主のように積極的な生前対策が必要のない、規模の小さい地主さんの場合が多いようです。

あなたが2に当てはまる地主かどうかは、ズバリ「**所有するアパートが1棟だけで、家族間に**

相続のもめごとが存在せず、かつ自分自身に認知症の問題もない」かどうかを判定基準になさってください。所有するアパートが1つだけならば、生前対策のバリエーションも少なくて済みますし、相続争いの可能性も認知症もなければ、外部の専門家の手を借りる必要はありません。ただし、年齢を重ねると条件を満たさなくなることが多いので、3年に1度はセルフチェックすることをお勧めします。

税理士に依頼するメリットとデメリットについては、第4章Part1「**1 税理士に依頼するメリットとデメリット**」（349ページ）で詳しく論じるので、そちらをご確認ください。

おさらい

親から相続したらすぐ行う税理士への対応

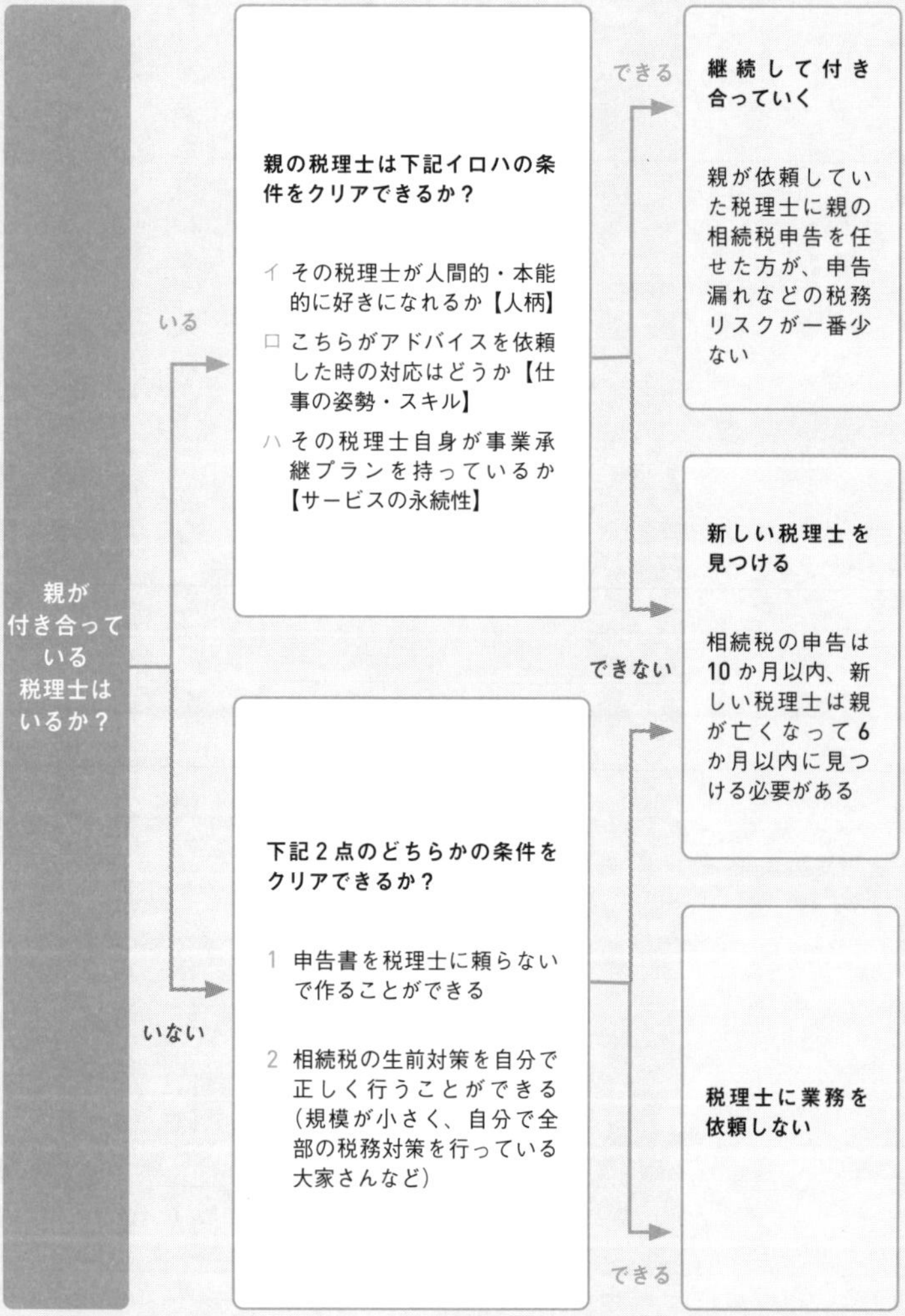

親が付き合っている税理士はいるか？
いる
親の税理士は下記イロハの条件をクリアできるか？
イ その税理士が人間的・本能的に好きになれるか【人柄】
ロ こちらがアドバイスを依頼した時の対応はどうか【仕事の姿勢・スキル】
ハ その税理士自身が事業承継プランを持っているか【サービスの永続性】
できる
継続して付き合っていく
親が依頼していた税理士に親の相続税申告を任せた方が、申告漏れなどの税務リスクが一番少ない
できない
新しい税理士を見つける
相続税の申告は10か月以内、新しい税理士は親が亡くなって6か月以内に見つける必要がある
いない
下記2点のどちらかの条件をクリアできるか？
1 申告書を税理士に頼らないで作ることができる
2 相続税の生前対策を自分で正しく行うことができる（規模が小さく、自分で全部の税務対策を行っている大家さんなど）
できる
税理士に業務を依頼しない

3 兄弟で財産共有はしない

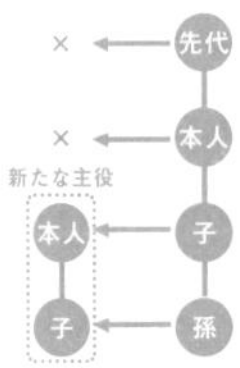

あなたが不動産をこれから相続するなら「**不動産を共有名義で相続することは避ける**」ということを覚えておいてください。特に、仲のいい兄弟で不動産を共有するのは、その時はいいけれど後で大きな問題を引き起こす可能性が高いので、最初の段階で回避しましょう。

不動産を含むすべての財産は、相続時（＝持ち主が亡くなったとき）には、相続人で共有されることとなります。法定相続人が複数いる場合、民法で定める「法定相続分」という割合で財産を自動的に共有する状態となります。

法定相続分での共有状態にもそれなりのメリットはあります。例えば、均等に分割するためその分割内容が完全に平等であったり、遺産分割協議を行わないで済むため遺産分割協議書作成の費用も手間もかからなかったりするなどのメリットです。

しかし、長期的に見れば、それによって生じるデメリットの方がメリットを上回ります。

財産共有のデメリットは「時間が経つと共有者が増えてしまい、管理も処分も不可能になってしまう」ことです。遺産分割協議が行われず、土地が共有状態のままで、何代も相続が繰り返された結果、その土地の共有者が何十人にもなってしまった事例はよくあります。売る時に大きな困難を伴うとともに、隣地の所有者にも迷惑をかけることになります。

例えば、その土地の購入希望者が出てきたとしても、全ての相続人を探しきれずに、最悪の場合、売ることができないという状況に陥ります。

さらに、お隣さんが土地を売る時に相続人不明の共有土地が隣り合わせだと、共有者全員のハンコがもらえずに境界を確定できないせいで土地が売れない、という迷惑をかけることにもなります。

また、普段の管理も難しくなります。土地の除草や清掃、家屋の修理などの維持管理は、共有者全員で行う義務があります。しかし、実際には全員で行うことは少なく、その不動産の近くに住む兄弟のうちの誰かがやむを得ず管理をしているケースが多く見られます。共有している兄弟とも存命中は問題ないのですが、誰かが亡くなった場合、親戚内でもめる要因になります。

例えば、近くに住む兄が、弟との共有物件を管理しているケース。その兄が亡くなった後に、兄の相続人である子供が「亡くなった親父は善意から自己負担で物件の管理をやっていたけど、なぜ子供である自分だけがこの物件の管理をすべてやらねばならないのか」と不満を持つかもしれません。「叔父さんも持分を有しているので、今までの費用も負担してもらおう」などと言い出す可能性は十分にあります。

兄弟で共有する方はみな口をそろえて「自分たちは仲がいいからもめることはない」と言われます。しかし、代替わりが進んで人が替わると、あれだけ仲が良かった親類も、もはや他人同士になってしまいます。意思疎通が難しい親戚縁者が増えてしまい、財産の管理すらままならなくなります。

長期的視点から、兄弟での財産共有は自分の代で解消し、子孫にトラブルの種を残さないようにしましょう。

ただし、例外的に兄弟で財産を共有で取得した方がいい場合があります。それは、**昭和56年5月以前に建てられた古い戸建で、今は空き家になっている実家の土地建物を相続し、すぐに取り壊して売る場合**です。その理由は、親が亡くなる3年以内にその家に住んでいて、住まなくなった後にそのままの（誰にも貸していない）状態であれば、その土地建物を売却することで「空き家の3000万円控除」という制度が使える可能性があるからです。

むろん、共有で相続する前に、空き家の3000万円控除が使えるのかよく検討すべきですが、ぜひ活用していただきたい制度です。この控除はとても額が大きく、売った時の利益から、兄弟それぞれ3000万円ずつ控除が使えるので、これほどお得なことはありません。

税理士に相談して、ぜひ兄弟全員で空き家の3000万円控除のメリットを享受しましょう。

おさらい

兄弟で財産共有はしない

不動産（法定相続分の共有）のメリット < 時とともに大きくなるデメリット

不動産（法定相続分の共有）のメリット

- 分割内容が完全に平等である
- 遺産分割協議を行わないで済む
- 遺産分割協議書の作成費用がない

時とともに大きくなるデメリット

- 兄弟で誰かが亡くなった場合、親戚内でもめる要因になる
- 時間が経つと共有者が増え、管理も処分も不可能になる

ただし

すぐ取り壊して売る実家は共有取得したほうがよい

条件を満たせば「空き家の3,000万円控除」が可能、兄弟それぞれの売却益から、各々3,000万円ずつ控除ができる
（使えるかどうか事前に必ず税理士に確認しよう）

➡ 不動産の共有はメリットよりもデメリットの方が大きいので、避けるべき（ただし、すぐ取り壊して売る実家は例外）

4 不動産業者とよい関係を築くコツ

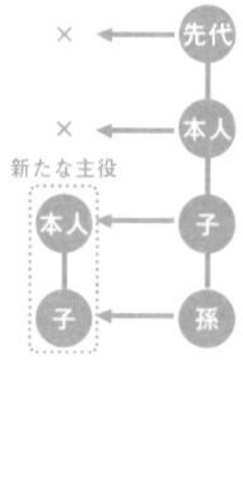

「いい投資物件を見つける方法は？」と聞かれた時に、私は決まって「いい不動産業者と仲よくする」と答えます。いい不動産業者は、市場に出回る前の高利回りなお買い得物件を持ってくるからです。

地主業をずっと継続していくためには、代替わりした後も、不動産業者から先代と同じくお買い得物件の情報が来るようにしておかなければなりません。何の工夫も対策もしていないのに、地主経営が代替わりしたからといって、不動産業者は二代目経営者を先代同様に厚遇するようなことはありません。地主経営は経営者の人柄や地主業に対する姿勢が鮮明に出てくるものです。先代の人柄はよくとも、二代目・三代目の人柄が悪ければ、不動産業者が先代同様に扱ってくれなくなるのは当然です。

それでは、二代目以降の地主さんが、先代と同様にいい不動産業者とお付き合いを続けるためには、何が必要なのでしょうか。ポイントは次の3つです。

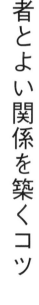

1　いい物件を追求する「前向きな姿勢」

これは言い換えると、「二代目経営者も地主業に興味を失わずに事業を継承する意思がある」という一点に尽きます。

地主業を継ぐ強い意思も気迫もなく、長男だからという理由で親がやっていた仕事を仕方なく継いだ人や、それまでサラリーマン一本で生きてきたのに、親が亡くなって突然、親の資産が転がり込んできた「にわか大家」などに、明日から地主業に興味を持てというのは無理な要求です。

だからこそ、地主業といえども、勉強を惜しまないことが必要なのです。

Ｐａｒｔ４**「2 相続対策を三世代で行う」**（119ページ）でも述べたように、祖父母や親と、物件の所在地や性質・大きさ・家賃の金額などの情報をシェアして、地主業について少しでも興味を持つようにしましょう。

2　どんなタイミングでも物件を購入できる「資金力」

資金力を持つために必要なのは「メインバンクとの緊密なコミュニケーションを保つ」ことで

す。そのためには、半期に一度くらいの頻度で、銀行に財務三表（貸借対照表・損益計算書・キャッシュフロー計算書）を持参して、近況報告と今後の新規物件の購入計画や大規模修繕の予定について話し合いましょう。そうすることで、新規物件が欲しい時にスムーズに融資を受けることが可能になります。

話し合いの際には、祖父母や親（先々代・先代の地主）に同席してもらうと、銀行との顔つなぎがスムーズになり、一挙両得です。

3 自分はあくまでも親の七光りであるという「謙虚な姿勢」

冒頭で述べたようないい不動産と、初代の地主はすぐに仲よくお付き合いできたでしょうか。答えは「否」です。

初代の大家の場合、2つめのポイント「資金力」がネックになります。地主がキャッシュリッチになるには、少なくとも10年程度の時間が必要です。逆に言うと、不動産業者から信用されて、普通のサラリーマン大家には絶対に巡って来ない高利回りの「目玉物件」を紹介してもらえるようになるまでには、少なくとも10年以上の実績が必要ということです。

二代目経営者が先代から不動産業者の人脈を引き継ぎ、それを活かせる状況にあるのは、まさに「先代経営者が培った信頼という名の貯金」を労せずに使っている証拠なのです。これを当然だと思う傲慢な後継者の元からは、いくら先代といい関係だった不動産業者でも、躊躇なく離れていくことでしょう（リフォーム会社、士業の先生も同様です）。

どうか、二代目地主さんは「自分の置かれている立場のありがたさ」を忘れることなく、地主業に邁進してください。

おさらい

不動産業者といい関係を築くコツ

前向きな姿勢

二代目も地主業に興味を失わず事業を継承する意思がある

資金力

メインバンクとの緊密なコミュニケーションを保つ

謙虚な姿勢

「先代経営者が培った信頼という名の貯金」「自分の置かれている立場のありがたさ」を忘れない

↓

いい不動産業者とお付き合いできる

↓

先代と同じくお買い得物件の情報が来る

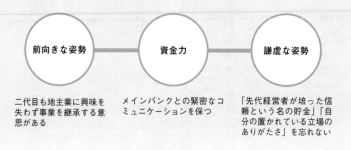

5 二次相続を見据えた対策が重要

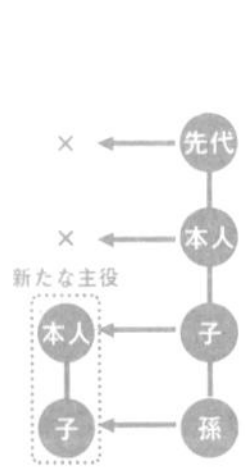

相続税対策は、むやみにやればいい、というものではありません。勘所をきちんと押さえないと、せっかく相続税を安くしたのに、将来的に相続税の負担が増えることもありえます。

その勘所とは、ズバリ「一次相続の時に二次相続の対策もあわせて行う」ということです。

二次相続とは、夫婦で最初の相続（一次相続）があった後、残された配偶者が亡くなった時の（2回目の）相続を言います。二次相続の対策とは、具体的には「**一次相続のタイミングで将来の二次相続の時に発生する相続税の金額計算を行う**」ことです。

多くの場合、一次相続の時は何とかその場をクリアすることに精一杯で、その後に待ち受ける二次相続まで考えが及びません。

しかし、それではダメなのです。二次相続は一次相続よりも多額の相続税がかかる可能性が極めて高いからです。**相続税の対策では「二次相続を制するものが相続税を制する」**のです。

それでは、なぜ二次相続のほうが一次相続よりも相続税が大きくなるのか、2つの理由をご説明します。

1 二次相続では「基礎控除額」が減る

相続税の計算方法をざっくりと説明すると、亡くなった人の財産が「基礎控除額」を超えた場合に、その超えた部分にだけ相続税がかかる仕組みになっています。基礎控除額は「3000万円＋600万円×相続人の数」で計算されるため、二次相続の際には（配偶者がすでに亡くなっているため）基礎控除額が600万円少なくなります。

つまり、遺産の額が一定であれば、課税対象が600万円多くなり、その分だけ相続税も高くなるわけです。

2 二次相続では「配偶者控除」が使えない

相続税のルールでは、配偶者は一定金額※までは、相続税がかかりません。ですから、目の前の相続のことだけを考えて、一次相続で配偶者に財産の全部を渡すケースが多く見られます。

※1億6,000万円もしくは法定相続分の半分のどちらか大きい金額

たしかに、こうすることで一次相続では、相続人全員の負担額は少なくて済みます。

しかし、その配偶者が亡くなった時（二次相続の時）は、配偶者控除を使うことはできません。そうすると、一次相続で配偶者が相続した多額の遺産を子供たちが相続することになり、一次相続と二次相続を合わせて考えた場合、トータルの相続税は高くなってしまうのです。

それでは、どのようにすれば一次相続と二次相続のトータルの税負担が最小になるのでしょうか。それは、**一次相続でどれだけの遺産を配偶者に相続させるかがキーポイント**になります。配偶者にいくら相続させるのがベストなのかは、将来、配偶者が亡くなった時に相続税がいくらかかるのかわからないと決められません。つまり、亡くなった被相続人の遺産額だけでなく、残された配偶者の財産がいくらあるのかがわからないと、一次相続でいくらの遺産を配偶者に配分すればいいのか決められないのです。

しかし、残された配偶者の多くは、自分の財産の情報を子供や孫には教えません。自分の貯めた財産の金額や内容を教えると、財産を狙われたりするのが怖い、とおっしゃる方がとても多いのです。

しかしそのせいで、二次相続の対策ができずに、多額の相続税を支払うことになったご家庭もたくさんあります。二次相続の対策を行わないことによる不利益が具体的にわかっていれば、躊躇なく財産情報を開示していたはずです。

それでは、二次相続をした場合としない場合とで、どのくらい相続税は変わるのでしょうか。次項では簡単なケースを比較して、その違いを見ていくことにしましょう。

おさらい

二次相続を見据えた対策が重要

	一次相続	二次相続
基礎控除	3,000万円 +600万円×人数	3,000万円 +600万円×人数 (1人減少)
配偶者控除	一定金額まで無税	なし
相続税額	何も考えず配偶者控除を使うだけで相続税は下がるが……	基礎控除が減り、配偶者控除も使えないため、相続税が上がる可能性

➡ トータルの税負担を最小化するためには、一次相続でどれだけの遺産を配偶者に相続させるかがキーポイント

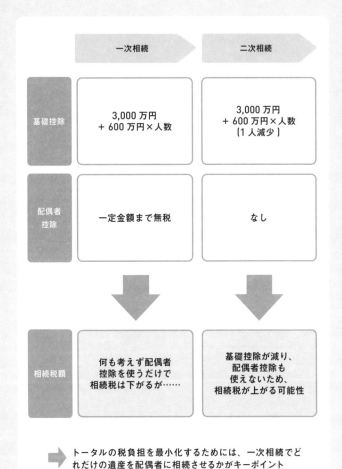

6 二次相続対策による節税の効果

前項で説明したとおり、二次相続まで対策をした場合と、一次相続の対策だけで終わった場合では、相続税の金額はガラリと変わります。

本項では、夫婦と子供2人の家庭で、夫が5億円の財産を残して亡くなったケースについて、二次相続対策をしなかった（法定相続分で遺産分割した）場合とした場合の相続税額の違いを見ていきます。

夫の相続発生時に

1 妻の固有財産がゼロの場合
2 妻の固有財産が5000万円残っている場合
3 妻の固有財産が1億円残っている場合

妻の固有財産がゼロの場合

ケース① 二次相続対策なし

項目		今回の相続（一次相続）	配偶者の相続（二次相続）
課税価格	配偶者	250,000,000	
	子（2人）	250,000,000	250,000,000
相続税額	配偶者	0	
	子（2人）	65,550,000	49,200,000
相続税の合計額		① 114,750,000	

ケース② 二次相続対策あり

項目		今回の相続（一次相続）	配偶者の相続（二次相続）
課税価格	配偶者	142,000,000	
	子（2人）	358,000,000	142,000,000
相続税額	配偶者	0	
	子（2人）	93,867,600	16,000,000
相続税の合計額		② 109,867,600（差額【①－②】4,882,400）	

の3パターンで税額の違いを具体的に考えてみようと思います。

1 妻の固有財産がゼロの場合

まずは妻の固有財産がゼロの場合を考えます。

ケース① 二次相続対策なし

二次相続対策をしない場合は、妻が2分の1（法定相続分）だけ相続するので、5億円のうち2億5000万円の財産を相続し、残りを子供2人で平等に分けることになります。この場合の一次・二次トータルの税負担は約1億1500万円になります。

ケース② 二次相続対策あり

妻の固有財産がゼロなので、夫の相続財産のうち1億4200万円部分を妻が相続し、二次相続を迎えた時、一次・二次トータルの税負担は約1億1000万円（▲500万円）で済みます。つまり、この場合は、他に何もしなくても、簡単に500万円の節税ができるわけです。

2 妻の固有財産が5000万円残っている場合

妻の固有財産が5000万円残っている場合はどうでしょう。

ケース① 二次相続対策なし

二次相続対策をしない場合は、1と同様、妻が2分の1（法定相続分）だけ相続するので、5億円のうち、2億5000万円の財産を相続し、残りを子供2人で平等に分けることになります。

妻の固有財産が5000万円ある場合、一次相続で2億5000万円を妻が相続します。そうすると、固有の財産5000万円と合わせて、妻が亡くなった時の遺産は3億円（夫の相続2億5000万円＋固有の財産5000万円）となり、次図のとおり、一次・二次トータルの税負担は約1億3500万円となります。

妻の固有財産が 5,000 万円残っている場合

ケース① 二次相続対策なし

項目		今回の相続（一次相続）	配偶者の相続（二次相続）
課税価格	配偶者	250,000,000	
	子（2人）	250,000,000	300,000,000
相続税額	配偶者	0	
	子（2人）	65,550,000	69,200,000
相続税の合計額		① 134,750,000	

ケース② 二次相続対策あり

項目		今回の相続（一次相続）	配偶者の相続（二次相続）
課税価格	配偶者	92,000,000	
	子（2人）	408,000,000	142,000,000
相続税額	配偶者	0	
	子（2人）	106,977,600	16,000,000
相続税の合計額		② 122,977,600（差額【①－②】11,772,400）	

ケース② 二次相続対策あり

二次相続対策をした場合は、妻は夫の遺産から9200万円（1億4200万円－5000万円）分だけ相続することになります。一次・二次トータルの税負担は約1億2300万円（▲1200万円）に下がります。

3 妻の固有財産が1億円残っている場合

妻の固有財産が1億円残っている場合は次のようになります。

ケース① 二次相続対策なし

この場合も1・2と同じく、二次相続対策をしない場合は、妻が2分の1（法定相続分）だけ相続するので、5億円のうち、2億5000万円

妻の固有財産が1億円残っている場合

ケース① 二次相続対策なし

項目		今回の相続（一次相続）	配偶者の相続（二次相続）
課税価格	配偶者	250,000,000	
	子（2人）	250,000,000	350,000,000
相続税額	配偶者	0	
	子（2人）	65,550,000	89,200,000
相続税の合計額		① 154,750,000	

ケース② 二次相続対策あり

項目		今回の相続（一次相続）	配偶者の相続（二次相続）
課税価格	配偶者	42,000,000	
	子（2人）	458,000,000	142,000,000
相続税額	配偶者	0	
	子（2人）	120,087,600	16,000,000
相続税の合計額		② 136,087,600（差額【①－②】18,662,400）	

の財産を相続し、残りを子供2人で平等に分けることになります。

妻の固有財産が1億円あると、妻が亡くなった時の遺産は3億5000万円（夫の相続2億5000万円＋固有の財産1億円）となり、上図のとおり、一次・二次トータルの税負担は約1億5500万円と膨れ上がります。

ケース② 二次相続対策あり

二次相続対策を行った場合には、妻は夫の遺産から4200万円（1億4200万円－1億円）分だけ相続することになります。一次・二次トータルの税負担は約1億3600万円（▲1900万円）まで下がるのです。

このように、妻固有の財産がいくらあるのかによって、一次相続で夫の遺産をいくら配分するべきなのかが決まります（もちろん、実際は妻の財産は生活費などで使われるのですが、このシミュレーションでは、話を単純にするために、妻が亡くなるときも相続時の金額がそのまま残っていると仮定しています）。

相続税がかかる家庭では配偶者も固有の財産を持っている場合が多いため、二次相続対策まで考えて一次相続の方向性を決めていくのが得策であるわけです。

第2章

先代社長と二代目社長が学ぶべき税金の知識

本章では、現在の会社オーナー（先代社長）と未来のオーナー（二代目社長）が会社を存続させるために行うべき税金対策を説明していきます。しっかりと節税をしながら資産を増やしていくのと同時に、ビジネスを成功させるうえで重要な「信頼」も得られる方法を理解しておきましょう。

Part 1

事業承継させるための準備

会社の後継者を育てるために、現社長であるあなたがすべきことを説明します。特に現社長の税金対策は重要です。あなた自身や会社の資産が減ることがあってはなりません。スムーズに事業承継を行い、二代目社長も盤石な経営ができるように、今日から取り組んでいきましょう。

1 後継者はまず他社へ入れる

事業承継において後継者教育はとても難しいものです。「こう育てれば必ず立派な後継者ができ上がる」という完全無欠な方程式は存在しません。しかし「これがない後継者はダメになる」という法則は存在します。それはズバリ、「**他社での勤務経験がない後継者は伸び悩む**」というものです。

「他人の飯を食う」という言葉があります。もともとは「親元を離れ、他人の家に奉公するなどして、実社会の経験を積む」という意味です。

なぜかつての商家がそうした教育をしていたのかといえば、他で働くことで後継者としての認知能力が鍛えられるからです。自分の持っている世界の見え方だけが唯一無二の正解ではなく、他人には世界がどのように見えるのかわかるようになるのです。そのような人でないと、世の中の変遷や顧客・従業員の気持ちは理解できません。

これは現代にもあてはまります。自社を子供に継がせたい社長さんは、子供が本当にかわいいのなら、将来自社に戻すことを前提に他社へ武者修行させてください。

1 他社の勤務経験がない後継者の欠点

他社の勤務経験がない後継者には次のように共通した欠点があります。

① 社員や取引先から「机上の空論だけの冷たい人」と認識されやすい

他社の勤務経験がない後継者は、自分と他人にまつわることを認識する能力が低いため、「自分の意見こそ合理的で間違いがない」と考えがちです。難しい言い方をすると、「人間の有する合理性とは限定合理性である」ということを知らないのです。だから自分の正しさに固執します。誰かに反対意見を言われても、自分の意見を変えることがありません。

こうした後継者は、周囲から「机上の空論だけの冷たい人」と認識され、誰からも意見を伝えてもらえなくなります。特に古参の社員とは理念を共有できなくなり、多くの場合、経験豊かな人材が会社を辞めてしまうのです。

②「金銭面での損得」が唯一の経営の軸になりやすい

会社を経営している以上、「損か得か」で判断することは大事です。しかし、事業経営は人生の営みの一部であり、他にも大切なことはあります。正しいか正しくないか、適法か違法か、適正か不適正か、馴染むか馴染まないか、自分に合うか合わないか、首尾一貫しているかブレているか――。そうした多くの経営判断の軸があって当然です。

しかし、合理的な経営を押し通そうとする経営者は、損得軸だけがやたらと肥大化した意思決定をします。「適法ではあるけれども不適切な行動」を平気でとりがちです。そのような経営者に人心が集まるでしょうか。優秀なブレーンが付き従うでしょうか。

損得軸だけで物事を判断することは、自分自身を裸の王様にする行為なのです。

2 若いうちに理不尽な目に遭うこともプラスになる

あなたは、若いころに上司や取引先から高圧的で理不尽な対応をされたことはありませんか。

もちろん、パワハラやセクハラは断じて許されません。しかし見方を変えると、理不尽な取り扱いを受けた経験も、後継者にとってはプラスになることがあります。自分自身が他人を理不尽に扱わないようになるきっかけを与えてくれる、とても力強い出来事だからです。理不尽な経験のプラス面は次のとおりです。

①自社では得られない貴重な経験ができる

自社に入った後は理不尽な扱いを受けることは皆無になるため、若いうちこそ、その経験ができるチャンスなのです。

一方で、若いうちに理不尽な場面に遭遇しなかった後継者は、なんらかの条件付きでないと他人を愛せなくなります。例えば、優秀な社員しか愛せない後継社長は、会社の雰囲気をズタズタにします。どの会社でも優秀な社員はほんの一握りだけで、大多数は普通の社員だからです。

②他人を「存在のレベル」で愛せるようになる

他人を存在のレベル（いてくれるだけで素晴らしい）で愛せるようになります。そうでない人間は、普通の存在を大切に扱えません。自分が愛されることもありません。結果的に、お金からも愛されないのです。

3 他社への修行期間は3～5年がベスト

後継者を他社へ修行に出す場合、修行期間は最低3年。最長5年としてください。最低3年としたのは、**3年あれば最低限の仕事を回せるようになり、社会の理不尽さや普通の人の優しさを理解できるようになる**からです。

また、最長が5年なのも理由があります。これ以上長い期間になると戻ってこなくなる恐れがあるのです。修行先企業の風土に馴染みすぎた結果、「自社に帰りたくない」という気持ちが生まれるのが5年というスパンというわけです。

おさらい

後継者はまず他社へ入れる

共通点	立派な後継者 ↑ 若い時に他社での勤務経験がある	ダメな後継者 ↑ 若い時に他社での勤務経験がない
自己と他者の認識力	他者を認識することができる 反対意見に耳を傾けることができる 会社の理念を社員と共有できる	自分の正しさに固執する 机上の空論だけの冷たい人と思われる 誰も意見を言わなくなる
経営の軸	損得以外にもさまざまな軸を大切にできる	損得の軸ばかり肥大化する →適法だが不適切な行動をとる
他人を愛すること	優秀な社員もそうでなくとも存在のレベルで愛することができる →他人からも愛される	優秀な社員しか愛せない 普通の存在を大切にできない →他人からも愛されない

➡ **後継者には若いうちに他社に修行に行かせよう。ただし、最低3年以上、最長5年以内**

2 自社株の生前贈与は計画的に行う

後継者候補が入社したら数年かけて自社株の生前贈与を行い、現在の社長（あなた）が元気なうちに株式の移転を進めておきましょう。

本書が刊行された時点（２０２３年）以降に贈与税制度の体系が変わり、生前贈与を行うことによる節税メリットがなくなる可能性はあります。しかし、税の問題にかかわらず、経営権を後継者に移転させておくことは、安定的な事業承継のためには避けて通れません。

1 自社株の生前贈与４つのポイント

ここでは、後継社長に対する自社株式の生前贈与にスポットを当て、贈与時の手続きと注意点を説明します。なお本項では、自分の子供や孫などの親族を後継社長とする場合を前提としています。

①自社株式の評価を毎期行う

自社株の評価は、毎期欠かさず税理士にオーダーしておきましょう。

これは税理士法で決まっている税理士の独占業務であるため、税理士にしかできません。できれば会社のことを詳しく知っている関与税理士に評価してもらうことがベストです。

②暦年贈与制度を使って毎年贈与し続ける

まず「暦年贈与」（毎年110万円までの贈与は非課税）の制度を使い、自社株の総額が110万円に達するまでの範囲の株数を、毎年後継者候補に贈与し続けます。今の制度が続く前提であれば、非課税枠である年間110万円までの自社株の贈与には贈与税がかかりません。

ただし暦年贈与を行う場合は、現社長と後継社長との間に贈与契約書を取り交わしてください。仮に贈与税がゼロであっても、あえて贈与税の申告書を税務署に提出しておきましょう。

後継者候補にあらかじめ自社株を贈与しておくことは、節税目的以外にもメリットがあります。**後継社長の経営への関心を高め、自社の経営を自分事と考えさせるいいきっかけになる**のです。

③自社株の3分の2は現社長が保有しておく

後継者が未熟なうちは、後継者候補に贈与する株式数を最大で「発行済株式総数の3分の1以下」にしておきます。現社長が株式総数の3分の2以上を保有しておくことで、株主総会で特別決議が必要になった場合でも現社長だけで決議を行えるようにするのです。

後継者に対する教育が終わり、いよいよ現社長がその座を明け渡す際にまだ自社株の持ち分を自分で有する場合には、あらかじめ遺言を残してください。あなたが亡くなった際、自社株を確実に後継社長に継がせるためです。

④遺言書に「自社株式は後継者に相続させる」と記載しておく

前述の場合、状況が許すのであれば、自社株も含めてすべての財産を遺言書に盛り込み、後継者以外の子供にも財産がまんべんなく行きわたるようにしておくことが望ましいでしょう。

ただし**余命宣告を受けて時間がない場合や、後継社長と後継者以外の子供の仲が悪い場合は、たった1行「自社株式は後継者に相続させる」という記載をもって遺言書を作成する**ことも視野に入れておいてください。その1行を残すことで、後継者候補がすべての株式を相続することが可能となります。

自社株式の生前贈与は、現経営者の死後に遺産分割をややこしくし、遺言を残しても後継者以外の相続人の遺留分を侵害することがあります。

2 相続争いを防ぐことは不可能

事業承継の教科書には、「相続分や遺留分に注意して生前贈与を行いましょう」などと書いてありますが、個人事業とは異なり、会社オーナーの相続の場合、そのような簡単な話ではありません。兄弟仲がよくても突然相続争いが始まったりすることも多く、**あらかじめ相続争いを防ぐことはほぼ不可能**だと心得てください。

相続争いを防ぐことができないのを前提とすると、前記の「1行のみの遺言書」のように、あらかじめ自社株式だけは後継者に集中的に相続させたほうがいいということになります。後継者以外の遺留分侵害についてはお金を支払い解決しましょう。相続人全員にいい顔をした「総花的な相続」よりもよほどましです。

オーナー会社の相続に公平はありません。後継者には、社員とその家族の生活を守るために会社を存続させる義務があります。スムーズに事業を承継できるように、あえて「総花的でない相続」をさせることこそが後継者に対する本当の愛情なのです。

おさらい

自社株の生前贈与は計画的に行う

事業承継をスムーズに行うための自社株贈与のポイント

- 自社株式の評価を毎期行う（自社のことをよく知る税理士に依頼する）
- 3分の1までの自社株を生前贈与する（毎年110万円まで暦年贈与を行う）
- 3分の2の自社株は現社長が保有し、決議はできるようにする
- 遺言書に「自社株式は後継者に相続させる」と記載しておく

自社株式だけは確実に後継者に集中的に相続させ、あえて「総花的でない相続」をすることも大切

3 退職金規程を早めに作っておく

事業承継の相談をする前に、あなたに必ず実行しておいてほしいことがあります。それは「退職金規程」を作成することです。

私は仕事柄、事業承継の相談をよく受けます。しかし、退職金規程がないと現経営者に退職金をいくら支払えるかが不明であるため、相談者に対して満足のいく回答ができません。

事業承継とは、後継者に会社を引き継がせるのと同時に、現経営者の引退を考えることです。つまり、事業承継を考えることは、**現経営者の引退後の生活費（退職金支払い）まで含めて考える**ということなのです。

この項では退職金規程の重要性について説明します。

1 退職金規程があることのメリット

退職金規程があることのメリットは大きく分けて次の2つです。

① 役員退職金を損金にできるようになる

退職金規程があると、役員退職金を損金にできます。しかし規程がなければ損金にはなりません。せっかく役員退職金を支払っても、その支払い自体が税務上無効になってしまうのです。なお役員退職金については、支払い金額が大きくなるために税務調査でもめることが多く、税務訴訟が頻発しています（否認されないコツは**「8 退職金を受け取った社長が注意すべきこと」**215ページ参照）。

② 退職時期をゴールとする経営計画を立てられる

退職金規程があると、自分が何年働いたらいくらの役員退職金がもらえるのかが明確になります。言い換えると、「残された年数から逆算して、役員退職金の原資を毎月いくらずつ貯めなくてはならないか具体的な金額がわかる」ということです。

あわせて、これを達成するために会社の利益計画策定、生命保険の契約や節税商品の購入、倒産防止共済の加入などの具体的な打ち手の検討が可能になります。自分の退職時に役員退職金を十分にもらうため、**将来の計画を立てて会社を経営できるようになる**のです。

2 退職金規程がないことのデメリット

退職金規程がないことで発生する最も大きなデメリットは、「社長を引退する時期に差し掛かっても退職金が支払えずに辞められない」ことです。

以前、このような相談を受けました。その会社は開業してから30年経つものの、それまで一度も経営計画を立てたことがなく、役員の退職のためにお金を貯める手立てを打ったこともありません。退職金規程は存在せず、「事業経営において自分の退職金については全く準備をしていない」とのこと。そのため、相談時にはすでに退職金を支払える財政状態にはありませんでした。

社長は、「もう疲れたので娘に社長の座を譲り、自分は退職金をもらって悠々自適な生活を送りたい」とおっしゃっていましたが後の祭りです。将来、そのような状態に陥らないためにも、簡単な内容で構いませんから、今すぐに退職金規程を作成しましょう。

3 子供が会社に入ったタイミングで退職金規程を見直す

私は会社の創業のお手伝いをする機会も多くあります。その際には、創業間もない会社であっても想定退職年齢の意識づけと退職金規程の作成を、社長と一緒に推進しています。そうすることで、計画経営の意識も芽生え、利益達成に対するモチベーションが生まれます。私の経験則では、そのような会社は黒字になる割合が高くなります。社長が当初からゴールを意識することで、黒字経営を引き寄せているのです。

すでに退職金規程がある会社では、後継者である子供が会社に入った段階で、現行の退職金規程を見直しましょう。

退職金規程は、役員や社員の構成メンバー、役員報酬の金額や役員在職年数などの与件が変われば、一気に陳腐化するリスクがあります。後継者が困らないように、子供が会社に入ったタイミングで一度見直しすることをお勧めいたします。

おさらい

退職金規程を早めに作っておく

税制面 メリット	**役員退職金を損金にできる** 退職金規程がないと、せっかく役員退職金を支払っても、その支払い自体が税務上無効になってしまうので注意が必要!!!
経営面 メリット	**退職時期をゴールとした経営計画を立てられる** 残された年数から逆算して、役員退職金の原資を毎月いくらずつ貯めなくてはいけないかが明確になり、会社の利益計画策定、生命保険の契約や節税商品の購入、倒産防止共済の加入などの具体的な打ち手を検討することができる

➡ 退職金規程を作ると2つのメリットが享受できる。
退職金規程は必ず策定し、古い場合や子供が会社に入ったタイミングで見直そう

4 将来の設備投資は早めに行う

現社長が行うべきことで、後継社長が一番助かることは何かご存じですか。それは今のうちに「将来必要になる設備投資をしておくこと」です。そのためのポイントが2つあります。

1 現社長は今のうちに有利な借入を

自分の代で会社を大きくした社長は、自分の信用こそが一番の事業成功の理由であることを知っています。優秀な社長は、自分の信用が使えるうちに金融機関から有利な借入をして、大規模な投資を行います。オフィスの移転や新店舗の開設、最新鋭の機械の導入など、将来を見据えた投資に振り向けていくのです。早めに設備を刷新し、返済をスタートさせれば、**負債が減って後継社長の会社経営が楽になる**からです。

ある焼肉店の事例を紹介しましょう。

その店は先代が立ち上げ、店舗は開業当初から使い続ける古くて狭い店でした。

最近、息子さんへ事業承継を終えたと聞いたのでお店に行ってみると、新しい場所へ店舗を移して営業していました。新店舗は町のメインストリートにあり、駐車場も大きく、店内も外光が入るように設計され、従業員も増えています。

息子さんに話を聞くと、「親父は会長に退き、今は自分が店の陣頭指揮を取っている。新店舗は土地も建物も親父と私で探して設計した」とのこと。資金繰りについても、先代への感謝をこう述べていたのが印象的でした。

「新店舗開設の資金は親父の信用のおかげで、低利・長期で借りられた。キャッシュフローは問題ない。親父には非常に感謝している。自分も将来、子供がこの会社に入った時には同じようなサポートをしてあげたい」

2 社長の信用を使って事業展開できるのは今しかない

私は税理士として数多くの事業承継支援を行ってきました。事業承継に成功した会社の後継社長の多くは、「先代社長が元気なうちに現在を見越して決断した設備投資が、今とても助かっている」と語ります。

あなたが今後10年以内に引退を考えているなら、自社の将来のために何ができるのか後継者と一緒に考えてみましょう。特に設備投資をともなう事業展開については一考の価値ありです。現社長の信用を使って事業展開できるのは、社長の座についている今のタイミングしかありません。

後継者が背負う負担を今のうちに軽減させ、将来の発展のために知恵を巡らせましょう。

おさらい

将来の設備投資は早めに行う

引退前だからできること		後継者のメリット
自分（現社長）の信用力で借入	→	有利な条件で借入可能
早めの返済スタート	→	後継者の負債が減る
将来を見越した設備投資	→	後継者の黒字化を後押し

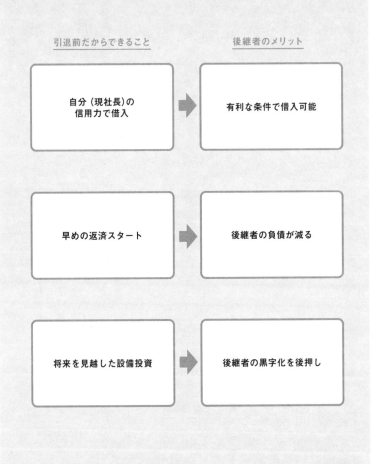

5 会社と社長との貸し借り・取引を見直す

前項で述べた「設備投資を早めに行うこと」以外にも、事業承継の場面において簡単で節税効果の高い手法があります。それは「現社長と会社の間の貸し借りと取引を見直すこと」です。具体的には、次の4点に集約されます。

1 会社が現経営者からお金を借りているか

これは、会社の貸借対照表の負債の部に「役員借入金」などの科目が計上されている状況を指します。会社の現金が一時的に足りなくなり、社長から運転資金を融通してもらうなどした場合には役員借入金勘定が発生します。この場合、次のような処理を行いましょう。

①事業承継目前なら必ず役員借入金を整理しておく

会社にお金があるときに社長に対して随時返済していけば、この金額が大きくなることはありません。しかし、一般的には役員借入金が500万円を超えるようになると、その状態が恒常化してゼロに戻すことが難しくなります。

役員借入金勘定は、社長の側から見れば会社への貸付金です。つまり、会社にお金がなく、返済される見込みがなくても、財産として認定されます。通常時であれば問題は顕在化しないのですが、困るのは現経営者が亡くなった時です。この**役員借入金が財産として遺産分割の対象になってしまう**のです。

役員借入金は、そもそも会社から返済される可能性がほぼないので、誰が継いでも困ってしまう財産です。価値がゼロであるのに、相続税の申告では原則としてその金額で評価せざるを得ず、余分な相続税がかかってしまいます。事業承継目前の会社は、必ず役員借入金を整理しておきましょう。

②返済できなければ「債務免除益」を特別利益に計上する

役員借入金を整理するといっても「返済するお金がないから返せない」という会社は多いでしょう。その場合、社長が有する役員借入金（社長側から見ると会社への貸付金）を放棄して、会社サイドで「債務免除益」を特別利益に計上しましょう。

こうすることで、実際に社長にお金を返済せず、会社の役員借入金を減らせます。その期の赤字（に繰越欠損金を加えた）金額の範囲内であれば、特別利益に計上しても法人税はかからず、社長サイドでも財産価値のない貸付金を名実ともに消せます。事業承継の観点からも相続税の観点からも、まさに一石二鳥です。

2 現経営者にお金を貸しているか

役員借入金よりもやっかいなのが、会社が役員にお金を貸し付けている状態です。そのような場合、会社の貸借対照表には「役員貸付金」などの科目が計上されています。次のような点に注意してください。

① 役員貸付金がある会社は大きく評価を下げる

役員貸付金が発生するケースは主に次の3つです。

1　会社のお金を社長が公私混同して使い込んでいる
2　賄賂や裏金を取引先に支払ったが、領収証がもらえなかった
3　経理がぜい弱で、支払った経費のレシートなどを紛失し、仕方なく役員貸付金勘定で処理している

いずれの理由にしろ、**役員貸付金がある場合には金融機関からの評価は最悪**です。「社長がワンマンか」「危うい取引先と付き合っているか」「経理が無茶苦茶な会社か」のいずれかに判定されます。

こうした場合、社長が責任をもって穴埋めするしか方法はありません。社長への貸付金を会社が債務免除すると、社長へ所得税と住民税が多額に課税されるからです。

②会社のお金を私用で使うのは厳禁

最悪の場合、社長が退職した時の役員退職金に盛り込んで支払う形態をとります。それまで、その貸付金には利息を付けて収入を計上しておかなければなりません。役員貸付金も利息収入も増えることになり、会社は余分な税金を納め続けることになるのです。

役員貸付金は発生させない。発生させたら大きくなる前に消す――。これを肝に銘じて、会社

のお金を私用で使うのは厳に慎みましょう。

3 現経営者から土地建物などの事業用資産を借りているか

会社が社長個人の土地や建物を賃借して事業を行っている状態は、社長が高齢化して事業承継を考える時期になると弊害が生じます。

その土地建物を後継社長が相続できる場合は問題ありません。しかし、**後継者以外の相続人が相続した場合は面倒なことになる可能性**があります。「賃借料を値上げしないと今後会社には貸さない」などの条件交渉を受けるかもしれないからです。

後継者以外の相続人は会社経営には興味がなく、相続した土地建物の収益のほうが大事です。そのため、相続後に後継者と後継者以外との間で、賃借料の値上げについて争う事例は枚挙にいとまがありません。

そうしたことが起こらないように、社長が会社に貸している事業用資産を今のうちに後継者候補に売却し、リスクを減らすことも検討しておきましょう。生前に売却しておけば、事業用資産を相続開始後に使えなくなるという、会社後継者にとって最悪のシナリオを排除できます。この場合、周辺の取引事例を参考に売却価格を決定することで、税務署に問題を指摘されることもなくなるのです。

現社長が元気なうちに検討することをお勧めします。

4 現経営者に会社の資産を貸しているか

これは社宅を役員に貸している場合がほとんどですから、その例で説明します。

会社で社長の自宅を建て、これを社宅として貸し付ける取引は避けたほうが賢明です。社長個人の資金繰りを圧迫することになるからです。

というのも、社宅を建てるときは、会社が金融機関からアパートローンを受けることになります。金融機関は、あくまでも会社が社長に社宅を貸すのを前提にお金を貸します。「役員報酬を今よりも高く設定し、受け取った報酬の中から会社に賃料として支払うよう」に提案するでしょう。

そうなると、役員報酬を今よりも高額に設定しなおすことになり、社長は所得税・住民税・社会保険料の増額のトリプルパンチを受けることになります。しかも、自分で住宅ローンを組んでマイホームを購入した時のように、住宅ローン控除を受けることはできません。もちろん、社長は支払った社宅の家賃を自己の経費として差し引くこともできません。

社宅を会社から借りている社長は、一見すると役員報酬が上がってお金が増えるように見えます。しかし実態は違います。その分の税負担などが増えたうえに、受け取った役員報酬を会社に支払家賃として還流させるため、お金が貯まらないことになるのです。

会社の財産を社長に貸し付けている場合には、一刻も早く会社からその資産を買い取りましょう。そのほうが長い目で見ると得になります。

おさらい

会社と社長との貸し借り・取引を見直す

事業承継で現社長と会社の間で見直すべき貸し借りや取引

	問題点	見直しの方向性
会社がお金を借りている	社長が会社に貸しているお金が遺産分割の対象となってしまう	会社サイドで「債務免除益」を特別利益に計上し、債務をなくす
会社がお金を貸している	金融機関からの評価が下がる 債務免除をすると社長個人の税金が上がる	役員貸付金は発生させない、大きくなる前に消す 最悪の場合、役員退職金に盛り込んで支払うことも可能だが、利息収入が増え会社の税金も増える
会社が事業用資産（土地建物）を借りている	後継者以外が相続した場合、賃借料の値上げなどの条件交渉を受ける可能性がある	借りている事業用資産を現社長が存命のうちに後継者候補に売却してリスクを減らす
会社が資産（社宅など）を貸している	社宅代の支払い分だけ所得を上げると、所得税・住民税・社会保険料が上がる 社長個人の住宅ローン控除が使えない	社長に売却（社長が買い取り）し、リスクを減らす

6 事業承継税制は安易に使わない

事業承継を円滑にするために「事業承継税制」という制度が存在します。これは会社の事業承継に連動して発生する、**現経営者の贈与税と相続税の納税が猶予される制度**です。

具体的には、一定の要件を満たした状態で後継者が株式を引き継ぐと、相続税・贈与税の支払いが猶予されます（一定期間まで遅らせることができる）。経営者が代々これを行うことで、巨額の税負担を猶予し続けることが可能となります。

ここでのポイントは「事業承継税制の本質は『地域の雇用を守り、次世代に継承するべき技術を持つ会社』を公共的な見地から存続させるための制度である」ということ。

別の言い方をすれば、公共的な役割を果たしている会社を存続させるため、会社オーナーにだけ（地主や高給会社員などと違い）、一定の要件をもとに国が相続税の負担を遅らせる。いわば会社オーナーを税制面で依《え》怙《こ》贔《ひい》屓《き》してあげる制度なのです。

1　会社オーナーの相続税が優遇されている理由

なぜ会社オーナーの相続税が（地主や高給会社員よりも）優遇されているのか。

前述したとおり、相続税の負担に会社オーナー一家が耐え切れず、雇用と技術が途絶えてしまうことは国と地域にとって公益を損なうと考えるからです。たとえるなら、社会の公器たる銀行に公的資金を注入することと同様の考え方といえます。

「オーナー死去→多額の相続税発生→納税のため自社から相続税の納付資金を借入→会社の資金繰りの悪化→会社倒産」という、負のスパイラルに陥らないようにするための公共性の高い制度なのです。したがって会社オーナーがこの制度を使う場合は、厳格な要件や手続きをすべてクリアしなければならず、ハードルが高いのが現状です。

その対象となる会社の範囲と手続きについて概略を紹介します。

①対象となる会社の範囲（主要な項目のみ抜粋）

- **非上場会社である**
- **特定の資産額や資産収入が、一定の基準を超えていない**

・家族を除く従業員数が5名以上
・卸売業の場合、資本金1億円以下、または従業員数100人以下である
・小売業の場合、資本金5000万円以下、または従業員数50人以下である
・サービス業の場合、資本金5000万円以下、または従業員数100人以下である
・製造業その他の業種の場合、資本金3億円以下、または従業員数300人以下である

②必要となる手続き（主要な項目のみ抜粋）

・納税猶予を受ける税額等に見合う担保を税務署に提供すること
・事業承継開始から8か月以内に都道府県知事からの認定を受けること
・会社の状況に関して、都道府県および税務署に対して継続報告をすること
・リストラをしてはいけない（一定の雇用確保要件を満たすこと）

このほかにも、先代経営者および後継者の要件があり、かなり細かい規程が続きますが、ここでは割愛します。

2　確実に事業承継をすることが納税猶予の前提

前記のような要件や手続きを満たして初めて勝ち取れる納税猶予も、以下のような状況になった場合にはそれまでの努力はご破算になり、納税猶予が打ち切りとなります。

① 主な打ち切り事由

- **承継後5年以内に後継者が代表者ではなくなった場合**
- **後継者が取得した自社株を他人に譲渡した場合**
- **会社が資産管理会社に該当することとなった場合**
- **会社が解散した場合**
- **会社の年間の総収入がゼロになってしまった場合**
- **継続届出書を提出しなかった場合**

このような場合、それまでの猶予税額をすべて一括で納めなくてはなりません。あわせて、猶予期間に対応する利子税も納めることになります。社長の手持ち資金が潤沢にあれば問題ありません。しかし、会社の売上がゼロの場合や会社解散の場合は手持ち資金も不足しているケースが多いので、利子税も含めた一括納付はほぼ不可能です。

事業承継税制は、ある意味、納税猶予のために将来の後継者が確実に事業承継することを前提としています。そのため、承継者自身の人生がお金で縛られるという結果になってしまいます。したがって**「相続税が得しそうだから」という理由で軽々しく手を出すべきものではありません**。「わが家は今後とも代々にわたって事業承継をする家族だ」という、当代の揺るぎない承継意思が継続する場合にのみ活用できる制度なのです。

7 社長退職時は自社株を渡すチャンス

「2 自社株の生前贈与は計画的に行う」（183ページ）で自社株の贈与を早めに行うメリットを論じました。これに加えて、社長退職時も自社株の贈与にはまたとないチャンスです。一般的に、**社長退職にともなって役員退職金を支給した年度の自社株式の評価額は減少する**からです。

ここでは自社株の評価額が減少するメカニズムを理解するため、非上場株式の評価の方法を簡単に説明します。

1 非上場株式の評価方法

相続税法は「世の中にある会社は、規模・業種・社員数・売上高・資産・負債の額など、さまざまな要素で構成される」という考えを大前提としています。

サントリーや吉本興業、コクヨなどのように、非上場会社でありながら上場会社であっても不思議ではない会社（現に昔、吉本興業は上場していました）もあります。一方で、個人事業に毛が生えた程度の小さな会社もあります。法人格を有している会社は実に多種多様だ、という認識であるわけです。

そのため、本来であれば会社の株価評価も多種多様となるのですが、実務上の問題から、税法で定められた一定の評価方法を用いる必要があります。

税法では、オーナー社長が持っている株式を相続または贈与する場合、その会社の業種や規模などの指標により、大会社・中会社・小会社に分けます。そのうえで、税法で決まっている次の2通りの評価方法を掛け合わせて評価することとなります。

①類似業種比準価額方式

この方法は、大規模の非上場会社の株価を評価する場合に使われる方法です。

自分の会社の業種・利益金額・配当金額・一株当たりの純資産価額と、国税庁で発表されている「類似業種比準価額」という指標を組み合わせて自社株式の評価額を出す方法です。

この場合、直近3期分の法人税の申告書が必要になります。

② 時価純資産方式

こちらは小規模の非上場会社の株価を評価する場合に使われる方法です。考え方としては、ある時点の会社の持っている資産を売却し、残っている負債を返済した場合の残りがいくらなのかを算定し、一株当たりの金額を算定する方法です。

もちろん、持っている土地や建物を売ることは考えられないので、固定資産税評価額や路線価方式で土地や建物を計算して資産の時価を算定します。

また、保険積立金や「経営セーフティ共済」（**Part2「3 二代目社長の定番となる2つの節税方法」**239ページ参照）の積立なども加味して会社の時価をトータルで計算します。

2 非上場株式は役員退職金の額だけ評価額が下がる

社長退職にともない役員退職金を支給した年度の株価評価額が減少する理由はここにあります。

実は、この時価純資産方式を計算するときに、実際に支払うことが決定した役員退職金は未払金として盛り込むことになっています。そのため未払金の分だけ負債が増え、会社に残る資産が減少し、連動して一株当たりの時価が減少するという計算結果になるのです。

このように退職金を支払うことが確定した日における非上場株式は、役員退職金の金額だけ評価額が下がります。このチャンスに後継者に株式の贈与をすることで、贈与税負担も軽くできるのです。

ただし、そのためには**毎期の株価評価をこまめに行っていることが必要条件**になります。自社の株価評価をしてもらったことがない社長は、ぜひ税理士に聞いてみてください。

おさらい

社長退職時は自社株を渡すチャンス

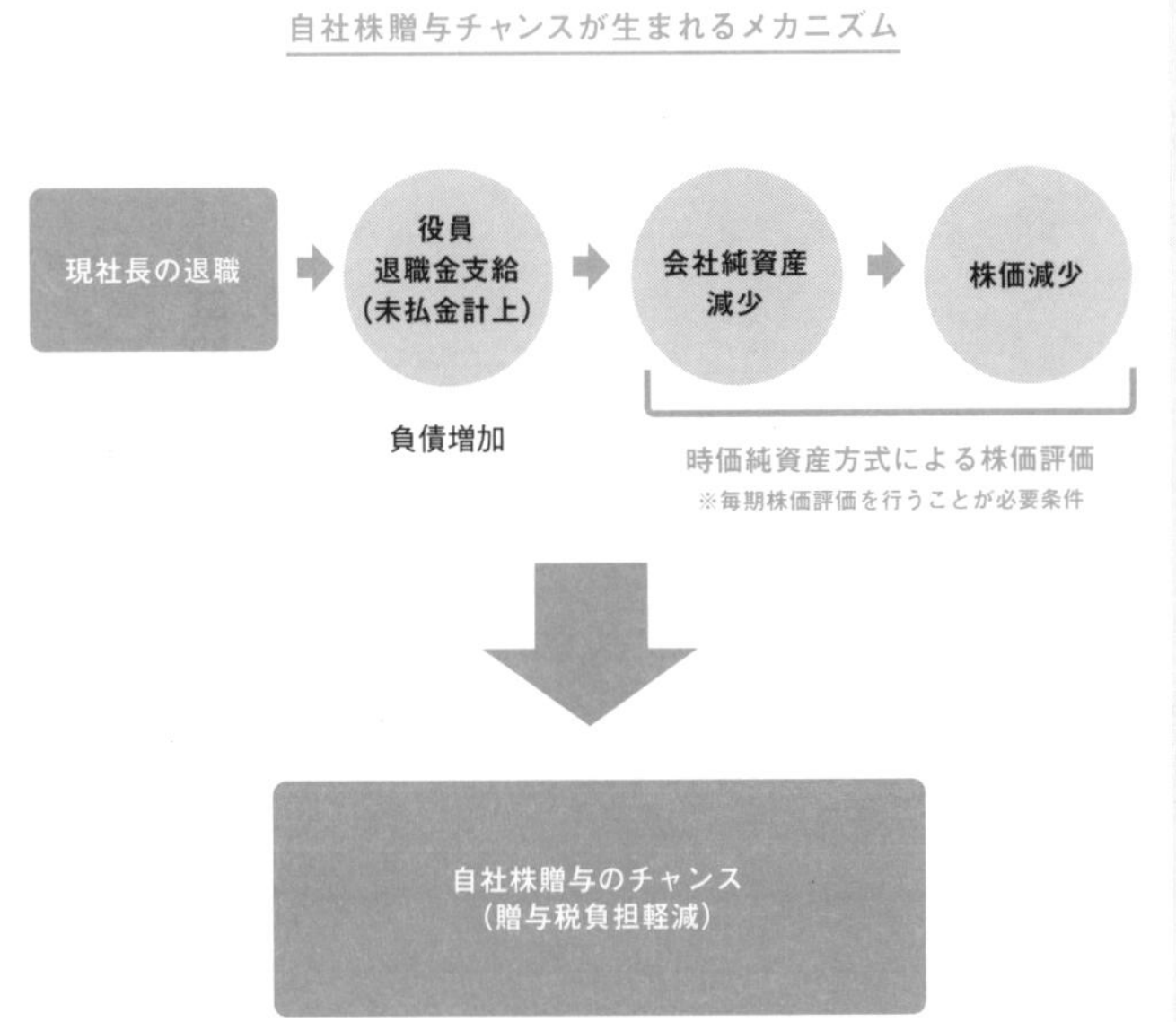

自社が小規模な非上場会社の場合、時価純資産方式で株価を評価するため、社長退職時は退職金の影響で株価が減少し、自社株式贈与のチャンスとなる

8 退職金を受け取った社長が注意すべきこと

ほとんどの社長は、いったん自社を退職したら会社に未練はないと思います。しかし、仕事一途でやってきて自分の会社をこの上なく愛している経営者からは、このような質問を受けることがあります。

「自分は今まで仕事一貫で、他に趣味もないので退職した後も毎日出社したい。それでも退職金は認められるか」「辞めた後も非常勤の形で週に何回か出社して、大事な意思決定には関与したい。退職金は認められるか」

さらに極端な例もあります。

「退任した数年後に社長に復帰しても退職金は認められるか」

ズバリ言うと、答えはすべてNOです。

1　退職したら二度と自社には近づかないほうがいい

前述のケースは、どれも「実態として未だ退職していない」との認定を受けてしまいます。その結果、多額の追徴課税を受けることになりますから注意が必要です。

一度退職した後に会社に籍を残さない場合は、退職金が否認されるリスクはありません。問題は、一度退職したのに会社に籍が残っている場合です。そうすると、退職金が否認されてしまいます。籍を残しつつ、税務上問題なく退職金を受け取るためには、「役員としての地位、または職務の内容が激変し、実質的に退職したのと同様の事情にある」との条件を満たさなくてはなりません。

具体例として、法人税法基本通達に示されている3つの例についてわかりやすくまとめると次のようになります。

1　常勤役員が非常勤役員になり、会社の経営にまったく携わっていないこと

2　取締役が監査役になった後、会社の経営にまったく携わっていないこと

3　1・2のような分掌《ぶんしょう》変更（担当する仕事内容の変更）後におけるその役員の給与が、それ以

前の50％以上減少したこと

大事なのはここからです。1〜3の形式をどのように満たしても、「実態として、経営や重要な業務に関与している場合」は否認されてしまいます。もし、この役員退職金が税務調査で否認されれば、役員退職金は役員賞与として取り扱われ、次のように最悪の結果となります。

法人：　全額が損金と認められず、法人税と源泉所得税など追徴税額が発生する
個人：　役員賞与として課税され、累進課税を受ける（所得税と住民税合わせて最高税率65％）

以上のことからわかるのは、**役員退職金を否認されたくなければ「役員は退職したら二度と自社には近づくべきではない」**ということです。一度退職した会社にしがみつくよりも、新しい会社を一から作ったほうが合理的です。

あなたも、退職金の支給額について税理士と一緒に検討する際は、退職後の身の振り方もあわせてご相談ください。

おさらい

退職金を受け取った社長が注意すべきこと

籍の有無

形式上の関わり方

実態としての関わり方

ペナルティ

籍を残す

毎日出社して、
これまで通りの仕事を行う

退任して数年で復帰し仕事を行う

経営に形式上は
関与しない

非常勤・監査役
として籍を残し、
給与50%以上減

実際は
経営や重要
業務に
関与する

否認

法人

全額が損金と認められず、法人税と源泉所得税など追徴税額が発生

個人

役員賞与として課税されて累進課税を受ける

(所得税と住民税合わせて最高税率65%)

実際も経営や
重要業務に
一切関与しない

籍を
残さない

籍なし

一切関与しない

実態として退職していることが
認められるため問題なし

9 後継者がいない場合の対策

後継者がいない会社の割合は、年ごとに増えてきています。特に昔ながらの商店街にある小規模のお店などは、ほとんどの場合、後継者が不在です。

では、そのような後継者がいない会社はいったいどのような対策をとればいいのでしょうか。

1 後継者が本当にいないのか確定させる

本当に後継者がいないのかをあらためて問い直してみてください。親子間ではこのような話を正面切って行うことは少ないので、実際に聞いてみると、意外とお子さんは継ぐ気持ちを持っていることもあります。

次に、お店の常連にお店を継ぎたい人がいるか聞いてみましょう。特に飲食店のファンにとって、この提案には魅力があると思います。

このように、事業を継いでくれる人が本当にいないのかをまず確定させましょう。

2　後継者が見つからなければ廃業時期をイメージする

後継者のいないことが確定したら、廃業時期をイメージします。自分が何歳まで事業を行うか決め、事業の区切りをつけるのです。

そのうえで、現時点の累積赤字や返済できていない負債の有無を確認して、将来的に返済できるのか、もしくは赤字が増える見通しなのかを考えます。

① 負債の返済が見込めないなら今すぐに廃業を

もし、将来的に赤字が増えて、返済できない負債が増加する見込みであれば、すぐにでも廃業したほうがいいでしょう。今頼まれている仕事がある場合は、その仕事が終わったら廃業することを考えます。

一番いけないのは、そのうち何とかなるだろうとズルズルと営業を続けることです。損失が小さいうちに、今すぐに手を打つべきなのです。

② 黒字で収益力があるならM&Aを検討する

黒字で収益力がある会社については、廃業を検討する前に、一度M&Aを紹介する会社に見てもらい、第三者に事業を引き継いでもらうことを検討しましょう。

廃業を検討しているような会社の中にも、高い技術力を有している企業や、地域の雇用を牽引している企業も数多くあります。私的企業としての側面だけでなく、その地域にはなくてはならない公的な存在でもあるのです。

いきなりM&Aの紹介会社に行くことがためらわれる場合には、各都道府県に設置されている「事業承継・引継ぎ支援センター」に問い合わせてみるのもひとつの方法です。相談は無料で、自社の客観的な位置づけもわかるようになるので、ぜひ気軽に問い合わせしてみてください。

廃業するにせよ、M&Aに踏み出すにせよ、**ダメなのは今のままズルズルと事業を続けること**。気が付いたら手遅れになっています。今すぐに自分の状況を把握して、悔いのない判断をしてください。

Part 2

二代目社長がやるべき税金対策

会社を引き継ぎ新社長となるあなたがビジネスを成功させるためにすべきことを説明していきます。先代が築いた経営理念や資産、周囲からの信頼を守りながら、それらをどう活かすかが重要です。新社長として会社の目標をどう掲げるか、節税をどう行っていくかをしっかりと理解しましょう。

1 社長に就任したら最初にやること

先代が引退し、あなたが社長に就任したら、**まず「会社が現在行っている節税策」を確認してください**。

特に、加入している生命保険の契約内容を確認し、今後もその契約を続けるべきかを真っ先に検討しましょう。保険などの節税商品は、その性質上、最初にキャッシュアウトを発生させます。節税をしてしまうと、必然的に会社のキャッシュフローを悪化させることになるのです。

1 会社の節税策を見直して3年間はキャッシュを増やす

就任したばかりの社長は、一期目に多額の利益が出たとしても、3年間はあえて節税をするべきではありません。取引先も金融機関も、先代社長と比較して、新社長に経営者としての資質があるかを見ています。節税をして会社のキャッシュフローを自ら悪くすることは得策ではないのです。先代社長が引退したことによって売上の減る可能性がある不安定な状態だからこそ、リスクが発生する前に先手を打ちましょう。

キャッシュフローの悪化や、取引先・金融機関からの評価を下げるリスクに対応しなければ、新社長の評価が上がることはありません。むしろ正々堂々と会社の利益を出し、キャッシュを増やす「王道の経営」を行って、周囲から太鼓判を押される経営者になってください。

2 後継社長が心がけるべき2つのポイント

節税対策を終えたら、後継社長は次の2つのポイントを心がけてください。

① 先代社長のダメ出しをしない

1つめは「先代社長のダメ出しをしてはいけない」ということです。

新経営者としてのオリジナリティを出すために、経営をガラリと刷新したいと考える人は少なくありません。節税対策の変更だけではなく、取扱商品・仕事のやり方・本社機能・就業規則・会社のロゴ・経営理念など先代の築いてきたものを、就任した途端にガラリと変えてしまうのです。

しかし、そうした行動で成功した新米の後継者を私は見たことがありません。従業員の士気を下げてしまうからです。特に先代の理念にほれ込んでいた古参の従業員は、まちがいなく反発します。そのように人心の離れた会社の業績が上がるはずはありません。

会社の強みとは、先達が長い時間をかけて築き上げてきたものです。それを捨てて新しいやり方を従業員に押し付けても、競合他社に勝つのは難しいでしょう。そもそも先代が作り上げてきたのと同じレベルのものを、新米社長が数年で作ることは不可能です。

ガラリと変えるのは節税対策だけにしてください。

②企業理念を後世に伝える存在に徹する

2つめは「**後継社長は、創業社長と異なり、あくまでも事業の大義名分（企業理念）を理解し、その思いを後世に伝えていく存在であるべきだ**」ということです。

どの会社にも大義名分があり、それは長い時間をかけて磨き上げられ、社会に受け入れられてきました。だからこそ、事業の大義名分というのはとても重要なのです。

後継者とは、その理念を守る存在です。自社の経営において変えてはいけないこと（社内において大切にすべきこと）を明確にしなくてはなりません。就任後は、事業の大義名分をもう一度深く理解しなおしましょう。

変えてはいけないことがわかれば、変えていいこと（社外の変化に合わせて対応すべきこと）が必然的に見えてきます。それらを理解すると、不変の理念に反することなく、時流にのった柔軟な経営が可能となります。結果として、会社を永続させられるようになるのです。

先代が磨き上げてきた大義名分を高く掲げ、後継者として経営をしていきましょう。

おさらい

社長に就任したら最初にやること

	内容	狙い（効果）
税務上の対応	**自社の現在の節税策を確認** →節税をやめ、キャッシュフローの悪化を防ぐ	３年間は会社の利益を出すことを優先。取引先や金融機関から経営者として太鼓判を押されることをめざす
後継社長が心がけるべき２つのこと	**先代社長のダメ出しをしない** →取扱商品・仕事のやり方・本社機能・就業規則・会社のロゴ・経営理念などをガラリと変えない	先代が何十年もかけて作り上げてきた会社の強みを活かす
	事業の大義名分（企業理念）を深く理解しなおす →後継社長は創業の大義名分を後世に伝えていく存在	不変の理念に反することなく、時代の変化に合わせた柔軟な経営をすることで、会社を永続させる

2 目標利益の立て方

前項でも記したように、新米後継者が進むべき王道は「利益を出すこと」です。利益がなければ、社員の給料の支払いも、商品の仕入も、営業用車両の購入もできなくなります。そして銀行の借金返済も納税資金の調達もままならなくなります。

特に会社の本業から上がる「営業利益」は事業の要です。会社を継続するためには、**なんとしても「営業利益」を黒字化する必要があります**。

では、いくらの黒字であればいいのでしょうか。最低限でも、経費を支払ったうえに、銀行などの借入金（ある場合）の返済が賄える金額を目標にしなくてはなりません。この目標の金額を「目標利益」と言います。

ところが、社長になって何年も経っているにもかかわらず、「自社の目標利益の立て方」を知らない方が多いのです。こうした社長の会社は資金繰りがうまくいっていないことが多く、社長が自分のお金を会社に貸し付けることでなんとか帳尻を合わせています。だから、いつも金欠です。

そうならないように、ここでは簡単な目標利益の立て方を説明しましょう。

1 目標利益の立て方の3ステップ

目標利益の立て方は、大まかに3つのステップから成り立っています。

① 自社の経費を変動費と固定費に分ける
② 変動費と固定費の比率から「最低これだけ売らないと赤字になる売上高（＝損益分岐点売上高）」を導き出す
③ 損益分岐点売上高に借入金の返済と納税予測額とを盛り込んで「目標利益額」を算定し、「目標売上金額」を導出する

この3つのステップを、1つずつ見ていきましょう。

① 自社の経費を変動費と固定費に分ける

会社の経費は、その発生構造によって「変動費」と「固定費」とに分けられます。

・変動費：商品の仕入や材料費など、売上に比例して増減する費用
・固定費：家賃や固定給など、売上がなくても発生する費用

これをコンビニエンスストアの事例で考えると（話を簡便化するために、この項ではコンビニエンスストアのロイヤリティやコンビニ会計などは盛り込んでいません）

・変動費：おにぎりやお茶、その他の売り物の仕入金額
・固定費：光熱費・アルバイト代・オーナーの報酬・店舗家賃

と区分できます。

大事なポイントは、「売上高と比例して動く経費」か、あるいは「売上高の増減と無関係に発生する経費」なのか、という視点で経費をカテゴリー分けすることです。損益計算書のように、発

変動費と固定費を分ける

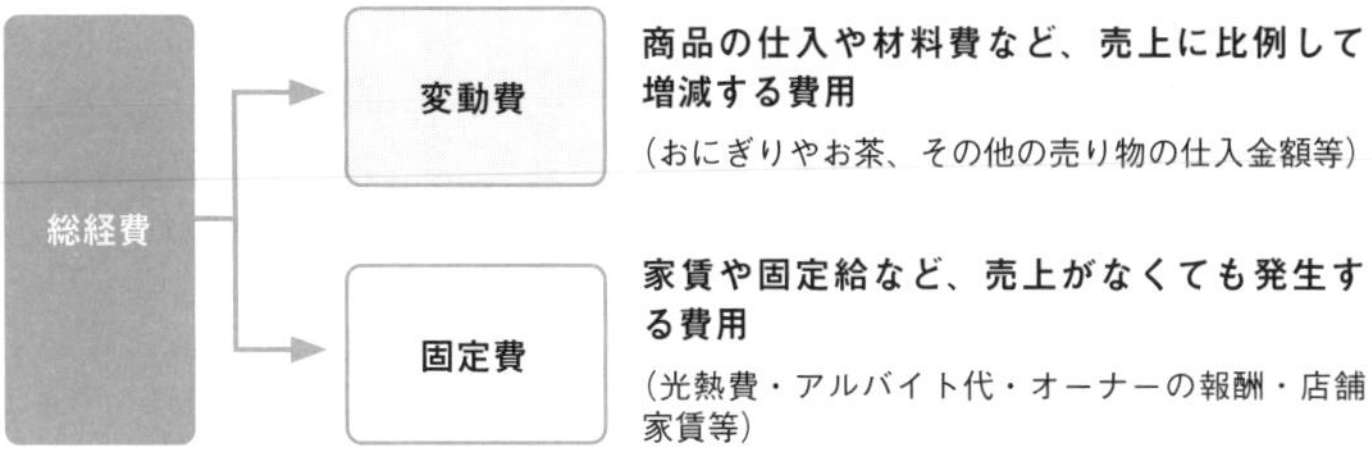
総経費
変動費
商品の仕入や材料費など、売上に比例して増減する費用
（おにぎりやお茶、その他の売り物の仕入金額等）
固定費
家賃や固定給など、売上がなくても発生する費用
（光熱費・アルバイト代・オーナーの報酬・店舗家賃等）

売上高と比例する経費か、売上高の増減と無関係に発生する経費なのかという視点で経費をカテゴリー分けするのがポイント

生した理由別（前記の例で言うと、商品仕入・光熱費・店舗家賃）に経費を分けるのではないことに注意しましょう。

②変動費と固定費の比率から「損益分岐点売上高」を導き出す

引き続き、前記のコンビニエンスストアの数値例で考えましょう。話を単純にします。このコンビニエンスストアでは、店舗家賃やアルバイト代などの毎月の固定費が合計70万円必要だったとしましょう。1か月に固定費が70万円発生する場合、利益を黒字にするために売上はいくらあればいいのでしょうか。

例えば、売上が同額の70万円しかない場合、当然ながら利益は赤字になります。70万円の売上を上げるためには、おにぎりやお茶などの商品の仕入代金を支払わなければならず、手取りはさらに少なくなるからです。
この場合、手取りの金額は【売上金額－商品の仕入代金】になります。つまり、「(売上金額－商品の仕入代金)－70万円＞0円」となるように売上高を確保しないと、利益が黒字にならないのです。
ちなみに、商品の仕入代金の平均が売上高の30％(商品の儲けは70％)とします。その場合、100円の売上があった場合の手取りは、70円「100円－100円×30％」です。この70％という割合(これを「**限界利益率**」と言います)を、このコンビニエンスストアの数値例に当てはめてみましょう。

「(売上金額－商品の仕入代金)－70万円＞0」
←
「売上金額×70％－70万円＞0」
←
「売上金額＞100万円」

このように、固定費が70万円で、限界利益率が70％の会社であれば、売上金額が100万円以

損益分岐点の導出イメージを理解しよう

①固定費 70 万円を置く

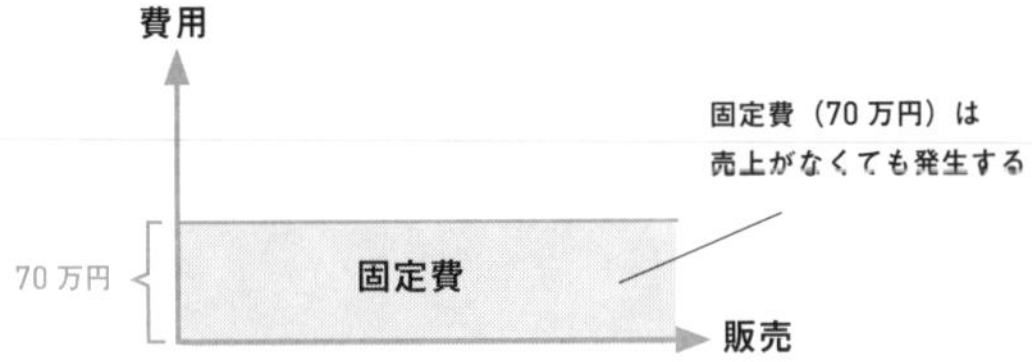

②変動費（売上の 30%）を置く

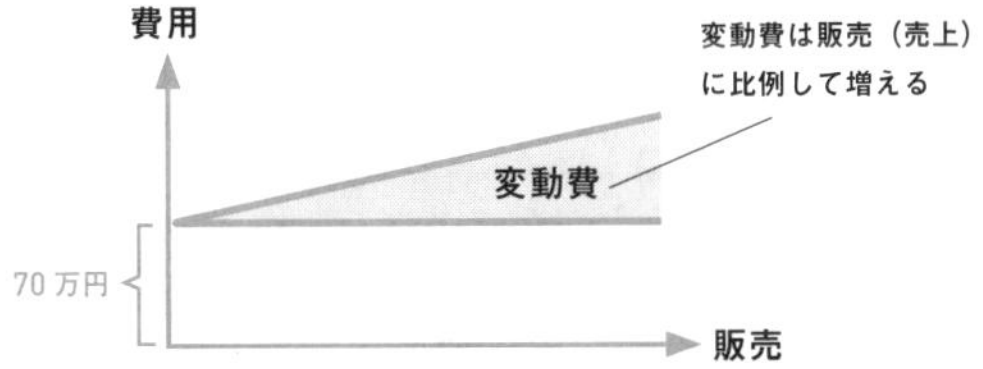

③売上高を置く（売上高と総経費が交わる点を出す）

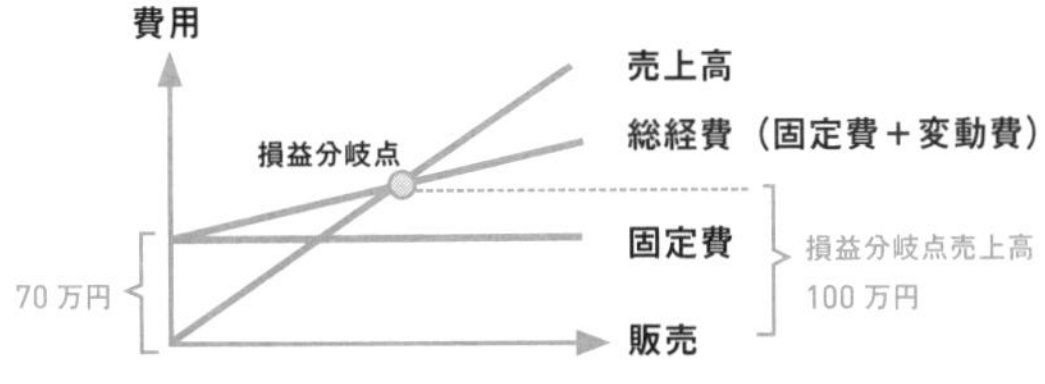

利益が黒字になるためには損益分岐点以上の売上高が必要なのでこれを計算すると

（損益分岐点の）売上金額－総経費＞ 0 円

↓

① 売上金額－商品の仕入代金－ 70 万円＞ 0 円

↓

② 売上金額× 70% － 70 万円＞ 0 円

↓

売上金額＞ 100 万円・・・損益分岐点売上高

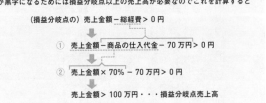

上ないと黒字化しないという結論が導き出されます。限界利益率（売上高と変動費の比率の組み合わせ）と固定費の金額さえわかれば、規模や業種にかかわらず、その会社において利益が上がるために最低限必要な売上高がわかるのです。

③「目標利益額」を算定し、「目標売上金額」を導出する

前述のコンビニエンスストアの数値例では、借入金の返済がないという前提でした。しかし借入金の返済があると、その返済金額と法人税などの納税予測金額を盛り込んだ利益計画が必要になります。

借入金は利益の中から返済するものです。利益がギリギリ黒字であったとしても、お金は借入金返済分だけ社外に流出しています。黒字になると法人税や住民税もかかります。それらの社外流出金額も考慮して目標利益を立てないと、利益が黒字でもお金が赤字である状態になり、最悪の場合、「黒字倒産」と言われる状況に陥るのです。

つまり、借入金返済がある場合は、「借入金返済分＋黒字による法人税・住民税の負担分＜利益」となっていなければ事業の継続はできません。

コンビニエンスストアの数値例において、借入金返済の元本が1か月25万円で、法人税・住民税が月額当たり5万円だった場合、目標利益は30万円（25万円＋5万円）となるので、

目標利益から目標売上金額を導出する

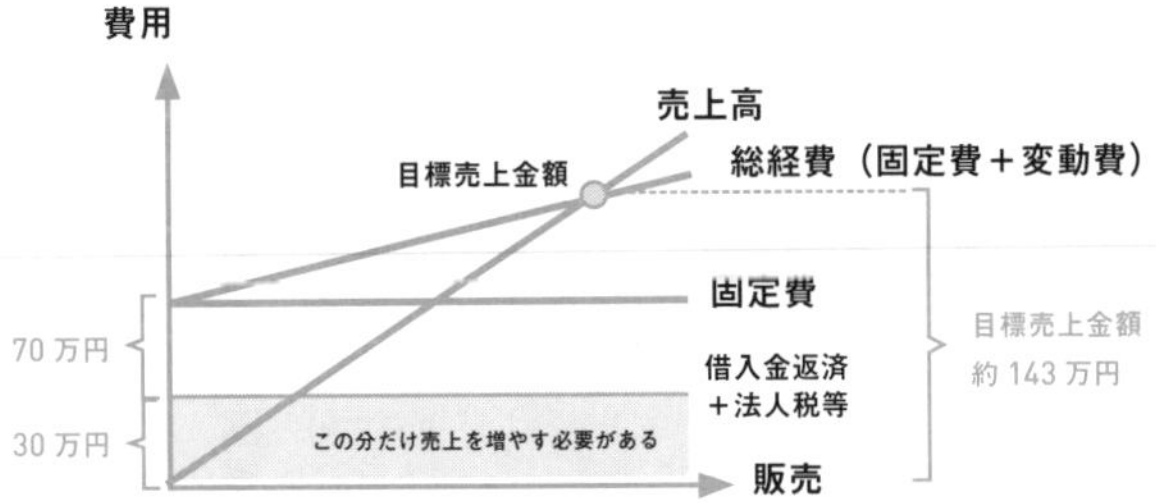

借入金返済＋法人税等の分だけ売上高を上げる必要があるのでこれを計算すると

目標売上金額×70％－70万円＞30万円

↓

目標売上金額＞約143万円

「目標売上金額×70％－70万円＞30万円」

↓

「目標売上金額＞約143万円」

となります。借入金返済があると、売上高がさらに多く必要になる（100万円→143万円）ことがおわかりになったと思います。

2 直接原価計算の考え方をマスターしよう

繰り返しになりますが、**限界利益率（売上高と変動費の比率の組み合わせ）と固定費の金額が見える形になれば必要な売上高がわかります**。そのうえで、売上高を達成する戦略を考えて実行すれば、会社がつぶれることはありません。

この考えになじむためには、薄いもので構いませんから、「直接原価計算」について書かれている本を読んでみてください。直接原価計算は商売の基本です。会社をすでに何社も持っているベテラン経営者も、あるいはこれから創業を希望する将来の経営者も、ぜひこの考え方をマスターしていただければと思います。

3 二代目社長の定番となる2つの節税方法

「事業で利益が出るようになったので節税を始めたい」という相談を受けた場合、私が税理士としてお勧めしている方法が2つあります。

個人事業主ならば「小規模企業共済」、法人ならば「経営セーフティ共済」への加入です。どちらも国の機関である「中小企業基盤整備機構」が運営しており、簡単な手続きで加入できます。

節税初心者でも無理せず始められるのが特長です。それぞれの概要を説明しましょう。

1 小規模企業共済

小規模企業共済とは、社長や個人事業主のための、積み立てによる退職金制度です。

①小規模企業共済のメリット

この制度のメリットは、積み立てた掛金が社長個人の所得税の計算上、全額を所得控除できることであり、非常に高い節税効果があります。月々の掛金は1000円～7万円まで自由に設定が可能で、加入後も自由に増減できます。

共済金を受け取る場面でも、退職・廃業時では「一括・分割・両者併用」などの柔軟な扱いが可能です。退職・廃業の際の一括受取りは、退職所得扱いになります（退職所得は受け取った時の税金が非常に安いという税制面のメリットがあります）。分割受取りの場合は、公的年金等の雑所得の扱いです。こちらも税制上有利に取り扱われます。

どちらも受け取るときには所得税・住民税が課税されますが、税制メリットのほうが大きいので、あまり心配しなくていいでしょう。

なお、掛金の範囲内で、事業資金の貸付を低金利で受け取れます。

②小規模企業共済のデメリット

一方、考えられるデメリットは次の2つです。

1　一定の理由で掛金期間12か月未満に共済契約を解約する場合、共済金を受け取れないことがある

2　掛金納付月数が240か月（20年）未満で任意解約をした場合は、受け取る共済金が元本割れしてしまう

ただし、これらのデメリットをコントロールするのは比較的簡単です。というのも、期中で掛金を減額することができるからです。ですから、あまりナーバスになる必要はありません。

2　経営セーフティ共済

経営セーフティ共済（中小企業倒産防止共済制度）は、取引先事業者が倒産した際に、中小企業が連鎖倒産に陥るのを防ぐことを目的とした制度です。

無担保・保証人不要で掛金の最高10倍（上限8000万円）まで借入でき、掛金は損金（個人の場合は必要経費）に算入できる税制優遇も受けられます。例えば、掛金を最大額の月額20万円に設定すれば、年払いで年間240万円（累計で上限800万円まで）を損金に算入してその分の税金を節約できます。

①醍醐味は本来の目的とは別の使い方に

この制度の醍醐味は、本来の目的よりも、「早めに掛金を目一杯支払って、その後は社長の退職時までそのままにしておき、退職金の支払い時にこれを解約して退職金の原資にすること」にあります。

退職金は、もらう側の個人でも税制メリットがあるうえ、先代経営者の生活費を賄うための重要な原資となります。退職金をしっかりと支払うことは、会社の円滑な事業承継を促進します。

もちろん連鎖倒産の憂き目に遭いそうになったら、制度本来の目的通りに借入を起こせばいいのです。しかし、そのようなことがない場合には、積立金を退職金の原資と考えて問題はないと思います。

②個人事業主には勧められない

個人事業主が節税目的で経営セーフティ共済に加入することは、あまりお勧めしません。

廃業時までに連鎖倒産がなく、積み立てたお金がそのまま残っている場合、経営セーフティ共済を解約すると、全額が事業所得の収入となります。そうなるとそれまでの節税効果が台無しになってしまうからです。

節税効果を求めるのであれば、法人での加入をお勧めします。

おさらい

二代目社長の定番となる２つの節税方法

	内容	メリット	デメリット
小規模企業共済	社長や個人事業主向けの積み立てによる退職金制度。月々1000円～7万円まで掛金を自由に設定可能。加入後も自由に増減できる	▶積立掛金が社長個人の所得税計算上、全額所得控除できる ▶退職・廃業の際の一括受取りは退職所得扱い。税制面のメリットが大きい ▶分割受取りの場合、公的年金等の雑所得扱いとなり、税制上有利 ▶掛金の範囲内で事業資金の貸付を低金利で受けることが可能	▶一定の理由で掛金期間12か月未満に共済契約を解約する場合、共済金が受け取れないことがある ▶掛金納付月数が240か月（20年）未満で任意解約をした場合、受け取る共済金が元本割れしてしまう
経営セーフティ共済	取引先事業者が倒産した際に、中小企業が連鎖倒産に陥るのを防ぐことを目的とした制度	▶最大で年240万円の掛金を全額損金算入し節税可能（累計で上限800万円まで） ▶退職金の原資にでき、退職所得控除等の税制面のメリットを受けられる ▶無担保・保証人不要で掛金の最高10倍（上限8000万円）まで借入が可能	節税目的で個人事業主が加入することは、あまりお勧めできない（廃業時まで積立金がそのまま残っている場合、解約時に全額が事業所得の収入となり、それまでの節税効果が台無しになってしまうため）

➡ **定番の２つの節税はデメリットはあるがメリットの方がはるかに大きい！**
経営が安定したらすぐに実施しよう

4 役員旅費日当を使うと一石二鳥になる

前項で記したように、小規模企業共済と経営セーフティ共済は節税初心者でも取り組みやすく、非常に有効な節税方法です。ここでは、いささか難易度は上がるものの、この2つよりもさらに効果抜群な節税方法をご紹介します。

それは「会社で役員に旅費日当を支払うこと」です。役員に旅費日当を支払うためには、出張旅費規程を作成しなくてはなりません。自分で規程を作成できない場合は税理士など専門家に依頼しましょう。会社で出張旅費規程を準備すれば、一定の要件の下、役員旅費日当を損金算入できます。そのうえ、旅費日当をもらった役員には課税されないのです。

ここでは、税務署に問題点を指摘されない役員旅費日当の支払い方と注意点を説明します。

1 バランスのとれた出張旅費規程を作る

税務調査では、旅費日当が役員および従業員のすべてを通じて「適正なバランスが保たれている基準」によって計算されたものであるかどうかが問われます。

大事な点は、その適正なバランスが、「その旅行の目的、目的地、行路若しくは期間の長短、宿泊の要否、旅行者の職務内容及び地位等からみて、その旅行に通常必要とされる費用の支出に充てられると認められる範囲内の金品をいう」（所得税法基本通達9－3）とあることです。

例えば、次のようなことにも配慮のうえ、バランスのとれた出張旅費規程を作ってください。

・日帰りと宿泊の場合の日当金額の区別（宿泊のほうが高い設定）
・距離別の日当金額の区別（遠方の出張のほうが高い設定）
・役職別の区別（高位の職位のほうが高い設定）

2 日当の金額設定はグレーゾーン

「日当はいくらまでなら大丈夫なのですか」

この手の質問を受けることも多いのですが、**「この金額までならば大丈夫である」という絶対的な答えはありません**。つまり、**日当の金額自体がグレーゾーン**であるということです。

ちなみに、私がお客様から聞かれた時には、こうお答えしています。

「社長が日帰りの打ち合わせで現場に出て、顧客との交渉で契約を取ることができる場合や、顧客との調整で部下の仕事がスムーズに回る場合であれば、5000円まで。社長の一日当たりの役員日当がその金額までなら、私は税務調査で正々堂々と正当性を主張します」(もっと大きな金額の社長も過去にいらっしゃいました)。

確認しておきますが、この発言は個別の役員旅費日当の適否を保証したものではありません。あらためて書くことでもないのですが、役員旅費日当の適否は、究極的には税務調査を経て裁判で決着するものです。

あなたが個別に自己の日当を決めるときには、必ず顧問税理士に相談してください。

3 社長が現場に行くことが通常ならば損金にはできない

日当が非課税になる論拠も押さえておいたほうがいいので、少し難しいのですが記載しておきます。通達では、「旅費・宿泊費に含まれない、出張中の個人的支出で法人が負担するもの」となっています（所得税法基本通達9－3）。

例えば、出張に行くと外食しなければならないこともあり、出張中の食事について自己負担分が生じることから、それを会社が実費弁償するということです。通達には書かれていませんが、会社がその役員を特別に出張させ、会社外で仕事を行わせることに対する労苦についても考慮されなければならないと考えられます。本来であれば外出しなくていいのに、会社の委任で役員や社員が外に出張に行くことに報いるために日当が支払われるという考え方です。

この考えに基づけば、大工さんなどは社長自身が大工職人であり、現場に行くこと自体がその本務（通常のこと）である場合は、役員旅費日当そのものが損金にできないものと考えられます。

4 不正行為は重加算税の対象になる

出張していないのに出張旅費を出すような行為は、重加算税が課されることになります。厳に控えてください。

また通達上、日当は「同業種・同規模の会社と比較してその適否を考えること」とされています。しかし、そもそも比較自体が難しいのも事実です。通達の文言を重視するよりは出張旅費規程をきちんと準備し、かつ、その中で社内の「適正なバランス」を整えましょう。

それによって調査で否認されるリスクを最低限におさえたほうが、実務上は適切であると考えられます。

5 会社でポルシェを経費にするには？

「会社でポルシェを買って経費につけたいのです。大丈夫でしょうか」

これは私が税理士になってから100回近くは受けている、経費に関する最もポピュラーな質問だと思います。あなたはどう思われますか？

1 会社の仕事で使っていれば車種は問題なし

結論からお伝えすると、きちんと会社の仕事でポルシェを使っていれば、減価償却費や燃料費・車検代などを会社の損金に計上できます。

「会社で使う車は、4ドアでないと経費にならないのですか」

これも多い質問です。

「事業として使う車は4ドアでなければいけない」というのは勘違いです。やはり事業に使ってさえいれば、使う車両は2ドアでも4ドアでも問題ありません。どちらでも乗りたいほうを選択してください。

逆に、事業に使っていない車両は、法人の経費で落とすことはできません。ご注意ください。

2 個人事業主の場合は注意が必要

個人事業主の場合は、所有する車両を経費につけるときに注意が必要です。個人事業主の車両については、法人所有の車両のようにただ事業に使っていればいいというわけではありません。ちょっぴり工夫が必要なのです。

個人事業主の自家用車の場合、減価償却費を個人使用分と事業使用分に按分します。実務上は単純に、事業で使う割合を自己申告し、事業使用割合で減価償却費を按分計算します。もし自家用車を100%経費にしたいのであれば、その車を100%事業用のみに使用して、ほかに自家用で車を使う必要があれば、自家用車をもう1台購入します。

かつて、お医者さんが1人しかいないのに、事業用車両が2台分登録されていた個人医院がありました。しかし、申告で両方の車両とも100%経費に落とされていたため、税務調査で1台分は自家用車と認定されてしまい、追徴課税をされたことがあります。

一方、ポルシェを100%経費にしていた会社に税務調査で入ったことがあります。その社長はきちんとポルシェで顧客先に訪問したり、仕入先との打合せに行ったりしていたので、追徴課税が発生しませんでした。

このように、**車両や機械などを経費にするには、一にも二にも「事業に使っているかどうか」が決め手**になります。

おさらい

会社でポルシェを経費にするには？

6 社長が気をつけるべき消費税の扱い

税務調査では、しばしば会社で支払った「外注費」が「給与」と認定されてしまうことがあります。**「外注費」が「給与」と認定されると、社会保険料の会社負担が増えてしまいます**。さらに外注費にかかっていた分の消費税も追加で納税しなければならず、会社の資金繰りを圧迫します。

外注費は、その支出が文字通り外注費になるのか、それとも給与に当たるのかを明確に判断する基準がありません。そのため、昔から税務調査で争いになりやすい項目なのです。

ここでは、原典である消費税の通達を紐解いてみます。

1 消費税法における外注費と給与との区分

消費税法基本通達1－1－1（個人事業者と給与所得者の区分）の内容を簡単に解説すると、次の3つのことが述べられています。

① 雇用契約（依頼主の命令に従属して、従事場所や従事時間を依頼主に決められている契約）である場合、消費税のかかる取引には該当しないので、給与に該当する

② 請負契約（依頼を受けた本人が社会的に独立していると認められ、その事業の一部としてその仕事を請け負っている契約）である場合は、消費税のかかる取引に該当し、外注費に当たる

③ 雇用契約なのか請負契約なのかその区分が明らかでないときは、例えば、次の事項を総合勘案して判定するものとする

・その契約に係る役務の提供の内容が他人の代替を容れるかどうか
・役務の提供に当たり事業者の指揮監督を受けるかどうか
・まだ引渡しを了《りょう》しない完成品が不可抗力のため滅失した場合等においても、当該個人が権利としてすでに提供した役務に係る報酬の請求をなすことができるかどうか
・役務の提供に係る材料又は用具等を供与されているかどうか

2 雇用契約の要素を含んでいると問題になる

税務調査で問題になるのは前述③のように、請負契約を結んでいるのに雇用契約の要素が含まれている場合です。

例えば、リフォーム会社の外注先が、その会社の仕事だけを専属で請けていて、現場に向かうための車両をリフォーム会社から借り、材料の支給も受けていることがあります。その場合には、前述3の中の4つの事実に当てはめて判定することになります。

以下、その4項目を再掲して、解説を加えました。

① その契約に係る役務の提供の内容が他人の代替を容れるかどうか

前述のリフォーム会社の場合、外注先であれば誰に頼んでも同じです。しかし、替えがきかず、その社員に依頼するのであれば給与の認定になります。

② 役務の提供に当たり事業者の指揮監督を受けるかどうか

リフォーム会社の外注先が指揮命令に服して仕事をする場合は給与の扱いになります。しかし、現場での裁量権が大きく、独立して動いている場合は外注費として扱われます。

③まだ引渡しを了しない完成品が不可抗力のため滅失した場合等においても、当該個人が権利としてすでに提供した役務に係る報酬の請求をなすことができるかどうか

物を完成させ、引渡しをすることで報酬を請求できるのが請負契約です。したがって引渡しができない場合においても報酬の請求ができる時は、給与の認定を受けることになります。

④役務の提供に係る材料又は用具等を供与されているかどうか

材料や用具を自分で持っている場合は、請負契約に該当します。一方、そのリフォーム会社から支給を受けている場合は、給与の認定を受けます。

社長であるあなたがこれらの細かい規程を丸暗記する必要はありません。ただ、「給与」か「外注費」かを判定するのに、こうした基準があることは覚えておいて損はないと思います。あなたの会社では、外注先とどのような契約になっているのか見直してみてください。

おさらい

社長が気をつけるべき消費税の扱い

他人に代替可能か？	誰にでもその業務を依頼できる（代替可能）	請負契約（外注費）
	その人しかその業務を依頼できない（代替不可）	雇用契約（給与）
指揮監督を受けるか？	外注先が独立して動く（指揮監督を受けない）	請負契約（外注費）
	自分が外注先に指揮命令できる（指揮監督を受ける）	雇用契約（給与）
完成前滅失時の請求は可能か？	完成し引渡して請求可能（滅失したら請求不可）	請負契約（外注費）
	引渡ししなくても請求可能（滅失しても請求可能）	雇用契約（給与）
材料または用具等を供与しているか？	材料や用具を請負業者が自前で持っている（提供していない）	請負契約（外注費）
	材料や用具を自前で持っていない（提供している）	雇用契約（給与）

上記 4 つの内容を総合勘案して「外注費」になるか「給与」になるかが決まる

7 社長も副収入を考える

社長といえども、税制の観点からは「ただの給与所得者」にすぎません。給与所得者としては社長も社員も区別なく、税金を取られっぱなしの人生なのです。そのうえ、給与には社会保険料の負担もかかってきます。いくら頑張って本業の利益を上げ、給与を増やしたとしても、給与には多くの税金がかかっていますので、手取りの減少は避けられません。

そこで、「社長も副収入を考える」ことをお勧めします。

1 人生の選択肢を広げるお勧めの副業例

社長も本業の給与以外の副業を持つことで、生きるうえでの選択肢を広げていきましょう。副業から収入を増やすのみならず、経費を実額でつけることで所得を圧縮できます。

社長の行う副業として、次のようなものが考えられます。

①不動産賃貸業

経営者が副業を考える場合、典型的なのが不動産賃貸です。労働集約的でなく、手間が比較的かからず、役員報酬が大きければ属性のよい顧客として金融機関から有利な条件で融資を受けられるのが主なメリットです（これについては第3章で詳しく説明します）。

不動産投資は、よい土地・物件を安く仕入れることが成功の要素の9割を占めます。儲かっている経営者には融資の通らない心配がないため、社長の不動産投資はサラリーマン大家よりも有利な場合が多いのです。

②機械設置型売上

自販機などの機械設置型売上も社長の副収入として最適です。複数台の自販機を好立地に設置すれば、まずまずの利益を得られます。手始めに、社内の自動販売機を会社名義ではなく、社長名義で設置してもいいでしょう。簡単に副業を作り出せます。

③保険代理店

会社の業種によっては、生命保険や損害保険の代理店の登録を社長個人でしておくと、保険手数料収入を受けることも可能になります。税理士法人を主宰している税理士は、生命保険登録を個人名でしておき、保険料収入を事業所得として受け取っている方も多くいます。

④公的な資格を取得して開業（行政書士など）

少々ハードルは高めですが、公的な資格を取得して開業する手もあります。社長業の傍らその資格で開業すると事業所得が発生するため、**「5会社でポルシェを経費にするには？」**（249ページ）の方法で、社長のポルシェを個人の経費に付けられます。

公的な資格でお勧めなのは行政書士でしょう。行政書士は仕事のすそ野が広いため、取引先の社長や社員からの個人的な依頼を行政書士事務所として請け負えます。そうなると事業所得の計算ができるようになります。

⑤経営コンサルタント

敏腕な経営者なら個人で経営コンサルタントを名乗れます。仲間への助言の際にお金をもらえば、こちらも事業所得の計算が可能になります。

もちろん、机上で右から左に事業所得を計上できるものではありません。事業にきちんとした実在性があり、事業を行っている証拠をそろえるなどの手続きが必要です。簡単ではないとはいえ、一考の価値はあるかと思います。

2 副業を始めるときの注意点

副業を行う際は、最初から個人の副業を狙って作っていくようにしましょう。会社で行っている業務と重複しない業務を選ぶことや、副業のオフィスは会社とは別（自宅など）にして体裁を整えることも大事です。

後になって税務署に否認されないように、準備を怠らないようにしましょう。

副業を事業所得として認めてもらうための注意点は、第3章Part1の6**「副業を事業所得として認めてもらうには」**（292ページ）を参照してください。

おさらい

社長も副収入を考える

社長にお勧めの副業

不動産賃貸	▶労働集約的でなく、手間が比較的かからない ▶役員報酬が大きければ属性のよい顧客として金融機関から有利な条件で融資を受けられる
自動販売機 保険代理店	▶会社ではなく社長名義で設置すれば簡単に副業を作り出せる ▶保険の代理店の登録を社長個人で行うことで副業を作り出せる
公的資格 経営コンサルタント	▶公的な資格をとり副業を行う。お勧めは行政書士 ▶経営者仲間への助言を有料で行う

第 3 章

高給取りが身につけたい 税金の知識

Part 1　個人で副業を始めよう
Part 2　副業を法人化しよう
Part 3　法人を事業承継させよう

もしあなたが高給取りのサラリーマン、医者、弁護士等なら、高額の税金を支払う必要があります。そこで、節税対策として副業を始めてはいかがでしょうか？　本章では副業の始め方と税金対策、副業が軌道に乗った場合に法人化する方法、さらに自分の子供に副業法人を承継させる手法について説明していきます。

Part 1

個人で副業を始めよう

高給取りだけれど疲労とストレスで心身がボロボロになっている。会社員としての成功を半ばあきらめている。老後の生活が不安である。節税して財産を蓄えたい――。そんなあなたはぜひ副業を始めましょう。きっと経済的・時間的・精神的な自由と安心が得られるはずです。

1 高給取りこそ副業を考える

高給取りの会社員は非常に忙しい人たちです。責任の大きい仕事を受け持っているため、仕事のストレスも溜まっています。

たまの休みの日も疲れてゴロゴロ寝ていることが増える。仕事以外の興味がどんどん失われる。新しいことに手を出すことも億劫になっていく――。入社して2~3年目までは仕事を覚える期間ですから、こうした状態になるのも仕方ないとは思います。しかし、これが恒常的になると、不健全であり、人生の真の豊かさからは遠のくのではないでしょうか。

なお、ここでいう高給取りとは、給与所得控除が頭打ちとなる年収850万円以上の方を指しています。上場企業などの課長・部長クラスであれば、大半の方が該当するとお考えください。こういった方々は世間一般から見ると高給取りかもしれません。しかし、それはあくまで「会社員として高給取り」というだけです。

しかも、会社員がつらいのは、所得を獲得する道は勤労しかないため、一生他人の指示に従って働かざるを得ない弱い立場にあることです。

もちろん他人の求めに応じて働くこと自体は、否定されるべきではありません。仕事を楽しんでいる方も多くいらっしゃいます。

しかし、わが国では少子高齢化がますます進み、現在の年金財政を維持するために年金支給開始年齢は引き上げられる流れにあります。会社員の定年延長も拡大しています。

そこで問題になるのは、会社員だけを続けていると、「自分はもう働きたくないのに働かざるを得ない状況に陥る可能性が極めて高くなること」です。

では、そうならないために、あるいは、すでにそのような状況にいて、そこから脱出するためにはどうすればいいのでしょうか。

その答えはズバリ、副業を持つことです。

副業で稼げればあなたの人生は激変し、**会社員のままでは自分でコントロールできなかったことも可能になります**。

副業のメリットは具体的には次の2つです。

1　副業は本業で失敗した際のリスクヘッジになる

副業があると、本業の会社員人生で昇進の道が断たれたときのリスクヘッジになります。副業をもとにした第二の人生を考えられるのです。

たとえ大きな失敗をせずとも、会社員として成功するのはかなり難しいことです。係長→課長→部長→役員と、役職が上がれば上がるほど会社員としての昇進は狭き門となっていきます。役員や子会社の社長などのポストを用意してもらえるのは、同期の中でもほんの一握り。ほとんどの会社員はどこかのタイミングで「部下なし部長」などの肩書のまま、役職定年を迎えます。多くの人は遅かれ早かれ、本業に限界を感じるタイミングが訪れますが、まさにそうした時こそ人生とお財布を満たしてくれる副業の存在が救いになるのです。

もちろん、本来は本業でうまくいくことが一番いいことでしょう。しかし、どんなに優秀でも決して失敗しないということはありません。失敗したときに本業を見返せる「副業」を持つことは、立派なリスクヘッジといえます。

「出世は部長止まりだったけれど、副業も合わせると役員より所得が高いよ」

こう言えることは決して負け惜しみではなく、自分の可能性を高め、才能を発揮して生きているという証拠ではないでしょうか。胸を張って誇るべきことなのです。

2 副業があると効果的な節税ができる

もう1つのメリットは、副業を行うと節税ができることです。

会社員のあなたは、それまでは会社が源泉徴収をしてくれていたために、税金の額や納税などを意識したことはなかったと思います。しかし、副業をすると自分自身で「確定申告」をします。確定申告をすることで、本業では触れることのなかった、さまざまな税の知識を身につけられます。稼いだお金をより効果的に守れるようになるのです。

副業による節税について、もう少し詳しく説明しましょう。

① 経費を計上して赤字なら税金が戻る

日本の所得税は累進課税です。高給取りになればなるほど税率が高くなり、最高で55%もの税金がかかります。社会保険料なども上がるので手取りはかなり少なくなってしまいます。そして、本業しかない会社員は、この高い税金を支払って泣き寝入りすることしかできません。

それに対して、副業をしている会社員は違います。給与が高くなればなるほど節税に有利になります。副業において経費を計上することができ、副業が赤字になった場合は本業の会社員の給与から収めている税金が戻ってくるのです。それも最高税率部分から戻ってくるので、節税は高給取りにとってお金を守る効果が大きい手段となるのです。

例えば、経費で100万円のモノを購入し、赤字100万円を出した場合、最高税率の人であれば、税金が55万円戻ってくるため、実質45万円で購入したことになります。つまり、**税率が高い人は最大55%引きセールで購入できるのと同じようなもの**なのです。

節税の手続きは実務上とても簡単にできます。あなたが高給取りならば、最初に手を付けるべきでしょう。

②副業を始めるタイミングは年収720万円がお勧め

節税するために副業をするなら、どのくらいの年収で始めるのがよいのでしょうか。

私は、給与所得控除が頭打ちとなる年収850万円を見越して、やや手前の年収720万円を超えたあたりからをお勧めしています。年収が720万円だと月々の手取りが45万円前後となり、生活費を支払って副業に回す余力が出てくるからです。

副業を始めれば、青色申告の申請や会社の設立など、本業の会社員ではできない打ち手が使えるようになります。会社員時代には考えられなかった世界が広がるのです。

おさらい

高給取りこそ副業を考える

副業のメリット

**本業で失敗した際の
リスクヘッジ**

本業のサラリーマン人生で失敗して昇進の道が断たれたとしても、副業をもとにした第二の人生を考えることができる

**副業に連動し効果的な
節税が可能**

最高税率部分から戻ってくるので、節税は高給取りにとってお金を守る効果が大きい

↓

年収 720 万円を超えたら
副業を始めよう！

2 副業選びの3要素

人生で失敗を避けるためには、将来の選択肢を狭めないことが大事です。会社に従属している会社員であっても、安定した副業があれば人生の選択肢が広がります。これまでとは違う人生を歩むことができるようになります。

かく言う私も、税理士として独立してすぐは本業の売上がなく、副業として税理士試験の受験生が通う専門学校の講師をしていました。開業当初からその副業収入があったために、こちらを下に見て不利な条件で契約を持ちかけてくる会社や、安く買い叩いてくる相手には毅然とした態度で対処できたのです。今となっては副業に大変感謝しています。

ただし副業なら、どのようなものでもいいわけではありません。副業はあくまでも「副業」です。**多くの時間と労力をかけなければならなくなって本業に支障をきたすようなら本末転倒**でしょう。

ここでは高給取りが失敗しない副業の要件を3つ挙げます。

①手間がかからない

繰り返しますが、副業に手間をかけてはいけません。本業に専念できるからこそ、あなたは高給取りであり続けることができます。高給取りとして会社に勤務するのが前提ですから、副業に手間がかかるようなら間違いなく本業がおろそかになります。そうなると「あぶはち取らず」「二兎を追う者は一兎をも得ず」になってしまいます。

②自己資金が必要ない

多額の自己資金が必要な副業は、投下したお金を回収するまでに時間がかかります。回収に時間のかかる投資は、本来、腰を据えてじっくりと取り組むべきもの。本業として行うならまだしも、副業として取り組むべきものではありません。

特に「世間で流行っているから……」という理由で、**自分がよく知らないビジネスに手を染めることは絶対にやめましょう**。

③定期収入が入る

収益計上が、モノやサービスの売却にともなうタイミングで発生する副業は避けましょう。そうではなく、**時間の経過にともない発生するビジネスを副業とするべき**です。

金融投資や不動産投資を行うのもいいのですが、高給取りの会社員なら本業で培ったノウハウを無形商材としてコンテンツ化しましょう。対面で相談業務・動画投稿・セミナーなどのコンサルタント業務を副業として行うのです。

そうした「仕組みで収入が上がるビジネス」は限界利益率が高く、固定費もおさえられるので、月収3万円もあればうまく利益を上げ続けられます。

会社員にとって、副業は将来の選択肢を広げる〝打ち出の小槌〟です。しかし初期投資が大きい副業は、そう簡単にペイしません。高給会社員はあえて小さくても継続できる副業に徹しましょう。

それでもスタート期には損失が出るものですが、その損失は本業の給与と相殺して税金は還付されます。心配することなく、気軽に副業のことを検討してみてください。

おさらい

副業選びの3要素

手間がかからない

本業がおろそかにならない

自己資金が必要ない

自己資金の回収に
時間がかかるものは
副業には向かない

定期収入が入る

時間の経過にともない収益が
発生するビジネスを
副業にするのがよい

3 高給取りが副業を始める前にやるべきこと

高給取りにとって副業は大切です。ただし、いきなり手を出す前に、最低限押さえておきたいことがあります。それをせずにスタートした場合、後で副業ができなくなってしまうどころか、会社をクビになる可能性もあるからです。

自己都合で退社したのとクビになって辞めたのでは、周囲の人間に与える心証がまるで変わってきます。将来あなたが損をしないためにも、副業開始時に最低限押さえておくべきポイントを4つ説明します。

1 会社の就業規則を確認しておく

政府の働き方改革の影響で、社員に副業を認める動きが徐々に出てきました。私も税理士として、会社員の方から副業の相談を受けることが多くなっています。

このような社会の動きは、個人の持つ才能を社会で発揮できる可能性を広げるので個人的には賛成です。しかし会社が副業を認めていない場合、勝手に副業を行うことはルール違反です。

私のところに相談にお越しになる会社員の方たちは、勤務先で副業が許可されているかどうかを確認していない人が多く、効果的なアドバイスができないことがあります。

まずは、自分の会社で副業が認められているのかを把握しましょう。

もし副業が認められていない場合、社長や人事担当責任者に直接掛け合って、副業を許可するよう認めてもらってください。

もちろん、掛け合ってみたら意外と簡単に副業の許可が出る場合もあるでしょう。しかし、普段の発言や行動から副業に理解のない社長だと想像できる場合、掛け合うことは得策ではありません。そのような社長はたいてい頑固です。社長を説得しようとすればかえってケンカとなり、自分が会社を辞めなければならないことになりかねません。

仮にその後その会社に勤務し続けるとしても、社長から「いつ辞めてもおかしくない」と、疑念を抱かれ続けるのがオチです。これでは逆に人生の自由度が狭まってしまい、あなたの人生はストレスフルなものになってしまいます。

それを避けるためにも、まずは会社の就業規則を確認しましょう。

2 業種を決める

会社員の方は**本業で培ったノウハウを「小さく副業化」**してください。コスト面でもリスク管理面でも、それが一番合理的です。自分のスキルを本業以外で横展開させることを最初に考えましょう。

私が一番お勧めするのが、**「2 副業選びの3要素」**（267ページ）で述べたように、本業のノウハウを用いて動画投稿・セミナー・対面などでコンサルタント業務を行うことです。こうすれば、会社での経験を基礎として、老後まで自分で稼ぐ力を付けることができます。まさに「一石二鳥」です。

自分でコンサルティングを行うのが難しい場合は、不動産賃貸業をお勧めします。コンサルタント業務よりは自己資金が必要ですが、資金の大部分は銀行からの借入で賄うことができます。時間経過とともに家賃が入ってくるので自分自身は手を動かす必要がありません。

3 売上高や利益額の事業規模のゴールを決めておく

副業を行う際に意外と忘れがちなのが、「その副業にどれだけ手間がかけられるか」という視点です。

不動産投資以外の副業を始める際は、借入は行わずに自己資金の範囲で事業を始め、売上高や利益額の事業規模を「自分ひとりでかけられる時間の範囲内まで」に絞りましょう。複数の人が絡んだプロジェクトは、関わった人の数だけリスクが発生するからです。

副業は時間的制約が大きいため、利益を上げることよりも、余計なコストを削ることに注目して事業計画を立てるようにしましょう。もともと本業の収入もあるのですから、**売上は少額であっても利益率の大きさを意識してください**。それが副業を成功させるコツです。

4 売上が大きくなったら法人化する

副業はいきなり法人で始めず、まず個人事業で始めて売上規模が大きくなってきたら法人化を図ることをお勧めします。法人は個人事業に比べて設立手続きに手間がかかり、その後のランニングコストも大きいからです。

具体的には、法人設立にはその法人の定款（ルール）を作成して、登記をすることが必要になります。しかし、個人事業の設立にはそのような手続きは不要で、税務署に所定の用紙を最低1枚出せば開業となります。その書類も、税務署の窓口で相談に乗ってもらいながら作成・提出すれば無料で作れます。それ以上の手間もかかりません。いったん始めた個人事業を廃業するとしても、簡単な手続きで手仕舞いできます。

おさらい

高給取りが副業を始める前にやるべきこと

会社の就業規則を確認する	自分の会社で副業が認められているのかを把握する。もし副業が認められていない場合、社長や人事担当責任者に直接掛け合って、副業を許可するよう認めてもらう
業種を決める	▶本業のノウハウを用いた動画投稿やセミナー、コンサルタント業務がお勧め ▶手間がかからず時間経過とともに家賃が入ってくる不動産投資などを選ぶ
ゴールを決める	▶自分でかけられる時間の範囲内まで売上高や利益額の事業規模を絞る ▶まず副業は個人事業で始めて、売上規模が大きくなったら法人化を図る

4 副業にかかる3つの税金

個人にかかる税金はいろいろな種類がありますが、副業をする場合には、大きく**3つの税目の概要**を押さえておけば事足ります。「**所得税**」「**個人住民税**」「**個人事業税**」です。それぞれについて解説していきます。

1 所得税

日本で働いている、あるいは事業を行っているなどの個人は、暦年《れきねん》（毎年1月1日〜12月31日）に生じた所得（儲け）について所得税を納める義務があります（ここでいう「個人」は日本国内に住所を有する人のことを指します）。

なお、東日本大震災からの復興を目的として、2037年までは所得税に加えて復興特別所得税（所得税の2・1％）を納める義務があります。

①所得税の計算方法

所得はその発生理由によって、利子所得・配当所得・事業所得・不動産所得・給与所得など10種類に分けられ、各々の種類別に所得金額を計算します。

副業から得る収入は、「事業所得」もしくは「雑所得」のカテゴリーに該当します。不動産賃貸は「不動産所得」です。

所得金額は、「収入金額－必要経費」の計算式で算出します。所得税では、所得にそのまま税金をかけるのではなく、社会保険料など課税されない部分を差し引いて、残った金額に税金をかけるのです（課税されない部分を「所得控除」といい、内容が法律で決まっています）。「最後に残った儲けの金額」に税率を掛け合わせて税金を算出しますが、その仕組みは、残った儲けの金額が大きいほど税率が高くなる「超過累進税率」となっています。

②所得税の申告・納税方法

申告は、1月1日から12月31日までの所得について、その翌年2月16日～3月15日までの間に確定申告書を所轄の税務署に提出します。納税は3月15日までにしなければなりません。

2 個人住民税

個人住民税は、日本に住所を有する個人にかかる税金です。

①個人住民税の計算方法

住民税の税額は前年の所得金額をもとに計算されます。所得金額に応じて課せられる部分（所得割）と、所得金額にかかわらず課せられる部分（均等割）とを合算します。

ただし、所得税と違って所得割にかかる税率は単一税率（10％）で、所得控除も両者では若干、金額が異なります。

②個人住民税の申告・納税方法

申告は、1月1日から12月31日までの所得について、翌年3月15日までに住所地の市町村に行います。なお、所得税の確定申告を行っていれば、住民税の申告書を提出する必要はありません。

納付額は住所地の市町村から通知され、会社員の場合は翌年の給与から天引き計算されます。

会社員以外の人は通知を受けた税額を年4回（6月・8月・10月・1月）に分けて市町村に直接納

付します。

3　個人事業税

個人事業税は、事業を行っている個人に課税されます。法律で課税の対象となる事業が具体的に決められており、自分の事業がその中に含まれる場合にのみ課税されます。

①個人事業税の計算方法

個人事業税は、所得税の計算方法に準じて計算された所得から290万円の「事業主控除」を差し引いた残りに、営む事業別に3～5％の税率をかけて計算します。したがって、所得が290万円以下であれば個人事業税は発生しません。

②個人事業税の申告・納税方法

申告は1月1日から12月31日までの所得について、翌年3月15日までに住所地の都道府県税事務所に行います。これも所得税の確定申告を行っていれば、申告書を提出する必要はありません。

個人事業税は納税通知書が送付され、翌年8月31日および11月30日が納期となります。

おさらい

副業にかかる3つの税金

関連する税金の種類		計算方法	申告方法・時期	納付期限
所得税（10種類）	事業所得 雑所得 不動産所得 給与所得 利子所得 配当所得 ・ ・ ・	「収入金額－必要経費」から「所得控除」を差し引いて残った金額に税金をかける	1月1日～12月31日の所得について、翌年2月16日～3月15日までの間に、確定申告書を所轄の税務署に提出	3月15日まで
個人住民税		「均等割」+「所得割」（定額+単一税率10%）	所得税の確定申告を行っていれば不要	年4回（6月・8月・10月・1月）
個人事業税		所得から「事業主控除」290万円を差し引き、事業別に3～5%の税率をかける	所得税の確定申告を行っていれば不要	年2回（8月・11月）

5 副業を始める際に必要な税務手続き

この項では、個人事業を行う方が特例などを使えるようにするために、最小限提出しておくべき書類を選んで紹介します。個人で副業を開始する際には、次の書類のうち必要なものを税務署に提出します。

1 個人事業の開業・廃業等届出書（副業する人は提出が必要）
2 所得税の青色申告承認申請書（提出する必要はないが、しないと非常に損をする）
3 給与支払事務所等の開設・移転・廃止届出書（人を雇って副業を行う場合に必要）
4 青色事業専従者に関する届出・変更届出書（人を雇って副業を行う場合に必要）
5 源泉所得税の納期の特例の承認に関する申請書（人を雇って副業を行う場合に必要）

それぞれに提出期限があるので、遅れないように気をつけましょう。各書式は国税庁ホームページに掲載されています。ご自分で必要なものを選んでダウンロードしてお使いください。

では、それぞれの書類について説明しましょう。

1 個人事業の開業・廃業等届出書

文字どおり、個人事業を開業（廃業）した場合には、この書類を開業後1か月以内に税務署に提出することが必要です。

個人事業を始める時は、書式の上部にある［開業］のほうにマルをつけて、所定事項を記載して提出します（事業をやめるときは［廃業］のほうにマルをつけて提出します）。

国税庁ホームページには「書式」とともに「書き方」も用意されているので、一緒にダウンロードして使うと便利です。

2 所得税の青色申告承認申請書

所得税では、一定の帳簿を付けて税金の申告をすると、税法上のさまざまな特例を受けられる制度があります。この制度を「青色申告」と言います。

法律上、事業主は必ずしも青色申告の承認を受ける必要はありません。しかし、**そもそも個人事業主には日々の売上や仕入を記帳する義務（記帳義務）がありますので、青色申告の承認を受けておくべき**です。自動的に各種の税法上の特典を受けられるようになります。特典の一例として、最大65万円が所得から差し引きされる「青色申告特別控除」があります。

青色申告の承認を受けるためには、日々の取引を会計仕訳して、帳簿に記録しておかなければいけません。しかし、今や帳簿の付け方はインターネット上でも広く紹介されていますし、パソコンを使って記帳することも昔よりも簡単になっています。どうしてもわからなければ、経理に詳しい知人にやり方を聞くなり、税理士に依頼するなりしてクリアしましょう。

何度も言いますが、青色申告していても青色申告していなくても、個人事業主には記帳する義務があることには変わりません。漏れなく税務署に提出しておきましょう。

提出期限は、次のとおりです。開業した年に提出する場合は、開業してから2か月以内。また開業年の翌年以降に提出する場合は、その年の3月15日までに提出すれば、その年から青色申告が適用できます。

3　給与支払事務所等の開設・移転・廃止届出書

これは、自分の事業で他人を雇用して給与を支払おうとする場合に、あらかじめ税務署に提出しておくべきものです。1の「個人事業の開業・廃業等届出書」と同じように、書類上部の「開設」にマルをつけて提出します。

4　青色事業専従者に関する届出・変更届出書

自分の事業で家族（より正確には配偶者や子供など、一緒の生活費で生計を立てている親族）を雇用して給与を支払おうとする場合に、あらかじめ税務署に提出しておくべき書類です。専従者給与を支払うときにはいくつかの注意点があります。

①税務上、その副業が税法上の「事業所得」として認められること

会社員の場合、その副業が事業所得に該当するかどうかは、「雇われではないこと」「営利を目的とし反復継続していること」「リスクとリターンを自分で引き受けていること」などの要件を勘

案して決まります。

一般的に言って、趣味や片手間でその副業をやっていて、小遣い稼ぎ程度の金額を収入として得ている場合には事業所得には該当しません（この場合は［雑所得］というカテゴリーになります。詳細は**「6 副業を「事業所得」として認めてもらうには？」**292ページ参照）。

②不動産賃貸業の場合には形式基準がある

その副業が不動産賃貸業の場合、税務署から青色事業専従者給与が認められる形式的な要件は、次の2つのうちどちらかを満たした場合だけです。

イ　賃貸している物件が一戸建ての場合：　5棟以上
ロ　賃貸している物件がマンション・アパートの場合：　10室以上

このほか、［実質基準］というのもありますが、その大家さんの実情による個別性が強いため、ここでは説明を割愛します。

③支払う金額がお手盛りになってはいけない

青色事業専従者給与は、言ってみれば、「事業主である自分の収入の一部を、働いてくれた自分の親族に支払う性質のもの」と解釈できます。自分の生活費を給与として家庭内に支払うので、外部にお金が出ないにもかかわらず経費だけが発生し、その分だけ税金が安くなるのです。

そのため多くの場合、給与金額の設定が、同じ仕事を第三者にしてもらったときよりも甘くなり、給与の金額が大きくなる傾向があります。

しかし、税務調査を受けると、そうしたお手盛りの部分は経費として認められません。青色事業専従者には、第三者と同じ仕事をさせた場合に支払ったであろう給与と同じ金額を支給するようにしましょう。

5 源泉所得税の納期の特例の承認に関する申請書

「3 給与支払事務所等の開設・移転・廃止届出書」（287ページ）でも説明したとおり、従業員に給料を支払う場合、前記の「給与支払事務所等の開設届出書」を提出することが前提となります。

一人当たりの給料が一定以上の金額になる場合は、そこから源泉所得税を差し引き、従業員に支払います。源泉所得税は原則として、給料を支払った翌月10日までに、事業主であるあなたが金融機関や税務署の窓口で納付しなければなりません。

しかし、従業員10人以下の小規模な事業主の場合、この書類を税務署に提出すれば、毎月納付する原則的な取り扱いではなく、半年ごと（毎年1月と7月）に源泉所得税をまとめて納付できるようになります。この特例は、小規模な事業主が給料を支払う場合にほぼ全員が使っているものであり、毎月納付する手間が省けます。

ここで紹介したもの以外にもさまざまな手続きがあります。まずは前記1と2の書式だけでいいので、国税庁ホームページで確認してみましょう。

おさらい

副業を始める際に必要な税務手続き

1
個人事業の開業・廃業等届出書

必須書類

2
所得税の青色申告承認申請書

各種の税法上の特典を受けることができる
〔開業後2か月以内※に提出〕

※開業年の翌年以降に提出する場合は、その年の3月15日までに提出すすれば、その年から青色申告が適用できる

↓

副業を始めたら全員が必ず提出する書類

3
給与支払事務所等の開設・移転・廃止届出書

必須書類

4
青色事業専従者に関する届出・変更届出書

生計一家族を雇用できるようになる

5
源泉所得税の納期の特例の承認に関する申請書

半年ごとに源泉所得税を納付することが可能になる

↓

副業で従業員を雇用する場合に提出する書類

6 副業を「事業所得」として認めてもらうには？

副業をする際には必ず帳簿をつけてください。なぜなら、帳簿をつけることで、あなたの副業はとりあえず「事業所得」と判定されるからです。帳簿をつけていないと、その副業は問答無用で「雑所得」とされます。

1 「雑所得」とされたときのデメリット

雑所得とされると、「事業所得」であれば認められていたさまざまな優遇措置が使えなくなってしまいます。例えば、青色申告特別控除（最大65万円が所得から差し引かれる）や、青色事業専従者給与（生計一家族に給与を払うことができる）などは、雑所得に比べて極めて節税効果の高いものです。

また、副業が「事業所得」として取り扱われた場合、そこで発生した赤字は本業の給与から差し引かれ、税金の還付を受けられます。「雑所得」では、税金の還付を受けられません。

2 事業所得として判定されるための要件

「事業所得」として判定されるためには、次のような要件があります。

・帳簿を作成・保存すること
・ある程度の収入金額を得ること（具体的には副業収入が300万円を超えること、もしくは本業の給与収入の10％を超えること）
・その事業が毎年赤字ではないこと（赤字でも黒字になるための取り組みを行っていること）

副業が毎年赤字続きにもかかわらず、黒字化するための取り組み（収入を増やしたり営業活動を行うなど）がなされていない場合、その副業は税金還付目的と判定されます。国税当局は税金還付を防ぐために、そうした副業を「雑所得」として取り扱うのです。

ただし、副業を始めて間もない時期（概ね3年）であれば、たとえ赤字続きであったとしても「事業所得」として扱われるため心配することはありません。

いずれにせよ、副業が赤字のままでは本業のリスクヘッジや、副業をもとにした第二の人生を謳歌することが難しくなります。早期黒字化に向けての取り組みは行うべきです。

副業を開始したばかりであれば、赤字になるかもしれません。しかし、まずはその副業が税務上の「事業所得」として認められるように、帳簿の作成・保存、黒字化への取り組みを真面目に行っていきましょう。

おさらい

副業を「事業所得」として認めてもらうには？

収入金額	記帳・帳簿書類の保存あり	記帳・帳簿書類の保存なし
副業収入 300万円超	とりあえず 「事業所得」扱い	とりあえず 「雑所得」扱い
副業収入 300万円以下		問答無用で 「雑所得」扱い

サラリーマンの場合、給与の 10% 以上の副業収入があり、かつ赤字でない場合、「事業所得」扱いとなる。ただし副業開始から 3 年程度は赤字でも「事業所得」扱いにできる

7 高給取りはあえて確定申告する

日本の会社員は、自分の税金のことを知らなさすぎます。その原因は「年末調整」にあります。簡単に言うと「年末調整」とは、一定の場合を除き、会社員が自分で確定申告することなく（会社を通じて）所得税の納税を完結させる手続きのことです。

これでは、自分が納めた税金をリアルに感じることがありません。だから、所得税の仕組みを全く知らずに定年を迎える会社員は本当に多いのです。私は、退職した学校の先生方に確定申告書の書き方を教えたことがあります。そのとき、全員が所得税の仕組みを知らなかったことに大変驚きました。

高給会社員であれば確定申告を積極的に行いましょう。その理由を説明します。

1 副業を始める前のレッスンになる

たしかに年末調整は便利です。しかし、これを続けていると税金に関心を持てなくなります。そこで、あえて自分で確定申告書を税務署に提出してみることをお勧めします。税金を身近なものとして捉えなおすことができ、節税テクニックなどにも興味がわいてくること間違いなしです。単に確定申告するだけでは節税にはなりませんが、本格的に副業を始める前の練習として一度試してみましょう。会社員であっても年収が2000万円を超える人は会社で年末調整ができなくなります。どのみち確定申告が必要になるのです。その際に困らないようにするためにも、早いうちから確定申告をしてみることは非常によいことだと思います。

2 確定申告は難しくないことがわかる

確定申告の方法はとても簡単です。次の3つの手順を踏んでいきましょう。

①各種書類を会社に出さず、年末調整をいったん終わらせる

会社員であれば、毎年末になると、勤務先に「生命保険料控除証明書」や「損害保険料控除証明書」、マイホームがあれば「ローン控除（住宅借入金等特別控除）」関係書類などを提出し、自分の税金を計算してもらっているはずです。

今年度からは年末調整時に、それまで毎年提出していた各種書類を会社に出さず、いったん会社の年末調整を終わらせましょう。すると、「給与所得の源泉徴収票」が会社から交付されます。

②国税庁ホームページを開いて必要事項を入力する

源泉徴収票と、会社に提出しなかった各種書類を手元に用意して、パソコンで「国税庁ホームページ」の「確定申告書作成コーナー」を開きます。「申告書を書面で提出する」を選んで入力を進めていきましょう。

この時に大事なのは、一度で完成させようとする気負いを捨てて気楽に進めることです。わからないところがあっても、悩まずに最後まで入力してみましょう。

③税務署で申告書の内容を必ず確認してもらう

最後まで入力できたら、それを印刷して、添付書類と認印を持って税務署に行きます。税務署

の受付では、次のように申し出てください。

「国税庁ホームページで申告書を途中まで作成してきました。そちらで確認して、記載内容に間違いがなければ提出します」

その際に「提出するだけなら、職員の確認は必要ないので窓口に申告書を置いてお帰りくださ い」などと返されることがあります。そう言われたら、**「自分で計算内容を知りたいので今確認をお願いします」と必ず伝えてください**。

そこまで言えば、税務署の人が確認してくれますので、指示に従ってください。

「計算内容に問題はありません」と言われれば、そのまま申告書を提出して手続き終了です。もし計算を間違えていれば向こうが直してくれるので、訂正した申告書を提出して終了です。

なお、申告書を提出する際は、受付で必ず「申告書の控」に税務署の受付印を押してもらいましょう。税務署の受付印が押された「申告書の控」は所得の公的な証明になるため、銀行などで融資を受けるときに提示を求められるからです。

3 「体験」に勝る勉強法はない

所得税の仕組みについて無知なため、知らず識らずのうちに損をしている人はいまだに後を絶ちません。特に、高給取りは税率が高いので、ちょっとした控除漏れがあった場合、普通の会社員に比べて税額に大きな影響を及ぼします。今のうちに学んでおきましょう。

今やインターネットで手に入らない情報はありません。例えば、知っておいて損はない税金の控除としてポピュラーなものに、「医療費控除」や「ふるさと納税（寄付金控除）」があります。これもインターネットで検索し、信頼性の高いページをクリックして確認するだけです。

ただし、デジタル化が進んでも、ネット上で手に入れられないものも存在します。その代表が「体験」です。いくらネット上で理解した情報でも、いざ実行に移すと理屈通りにいかないことは多くあります。**自分で実際に体験したことのほうが記憶も鮮烈に残る**のです。だから確定申告書の作成を体験してみましょう。すでに書いたように、それほど難しいことではありません。最初は「おっかなびっくり」かもしれませんが、深刻に受け止めずに繰り返しているうちに、楽に申告書を作成できるようになります。

いきなり確定申告するのが怖いなら、まずは去年の源泉徴収票を用意して、国税庁ホームページで申告書作成の真似事をしてみましょう。会社からもらった源泉徴収票と全く同じものを、練習としてホームページで再計算してみるのです。実際に作った申告書データを税務署に出す必要はありませんから、源泉徴収票の数字をそのまま入力するだけで構いません。

最後に納税額がゼロになれば入力内容はＯＫです。

おさらい

高級取りはあえて確定申告する

サラリーマンが自分で確定申告するメリット → 税金を身近なものとして捉えなおす機会（節税テクニックに興味がわく）

自分で確定申告する方法

自宅

① 会社で年末調整を行わない
各種書類を会社に提出せずに、いったん会社の年末調整を終わらせる

② 国税庁 HP を見る
源泉徴収票と、会社に提出しなかった各種書類を手元に用意し、パソコンで「国税庁ホームページ」の「確定申告書作成コーナー」を覗いてみる

③ 確定申告を入力する
「確定申告書作成コーナー」で「申告書を書面で提出する」を選んで、入力を進めてみる。わからないところがあっても、悩まずに最後まで入力する

税務署

④ 印刷して税務署に行く
印刷して添付書類と認印を持って税務署に行き、確認を依頼するとともに、わからないところを教えてもらうよう依頼する

⑤ 教わりつつ完成させる
税務署の人が確認したら指示に従って修正する。なお、申告書を提出する際は、受付で必ず「申告書の控」に税務署の受付印を押してもらう

8 副業に強い税理士を探す

最近「副業するのに税理士は必要ですか?」という会社員の方からの質問が増えてきました。

このような場合、私は、「パソコンの会計ソフトを使って帳簿をつけられますか」と最初に問いかけています。自分でパソコンを使って申告書が作成できれば、税理士は不要だからです。

1 自分で帳簿をつける場合の注意点

ここでのポイントは**「会計ソフトを使って帳簿をつける」**という部分です。

所得税の申告には、損益計算書（1年間の収入と経費を差し引きして利益を計算する書類）を作る必要があります。これに毎年12月31日時点の貸借対照表（その日の事業用の資産と負債を並べた表）をあわせて税務署に提出することで、所得税の計算上「青色申告特別控除（最大65万円）」という節税のための強力な経費を使えます。これを使うと、本業と副業の合計金額によっては何十万円も税金を安くできるのです。

しかし、会計ソフトを使わずに手書きで帳簿を作成した場合、貸借対照表を適正に作ることは実務上ほぼ不可能です。私の肌感覚では1000人に1人くらいの割合で、手書きの貸借対照表を作れる方がいますが、ほとんどの方は無理だと思ったほうがいいでしょう。

適正な貸借対照表が作成できない場合、最大で65万円取れる青色申告特別控除は10万円しか使えなくなってしまいます。せっかく国が65万円という控除を設けてくれているのに使えないとなると、副業を行うメリットが半減してしまいます。

2 あなたを守れる税理士を見つける

会計ソフトで帳簿入力ができないなら、税理士に申告してもらってください。税理士報酬を支払ったとしてもトータルでお得になるでしょう。

ただし、税理士であれば誰に頼んでも同じというわけではありません。税理士にも扱う分野によって得意不得意があるからです。

では、副業の申告を税理士に依頼する場合、どのような税理士がふさわしいのでしょうか。ある質問をすることで、その税理士があなたのためになる人かどうかを見抜けます。それはズバリ、

「この副業を行ううえで海外に研修旅行に行きたいのですが、どうすればいいですか」というものです。

税理士の回答によって、その税理士に「顧客に寄り添う熱意」と「必要経費の基礎的な知識」がどのくらいあるかがわかります。

あきれ顔をする税理士や「そんなことをしてまで税金を安くしたいのですか」などと、非難するような税理士に依頼するのはやめましょう。何を頼んでも、一切あなたの味方にはなってくれません。

逆に、海外で研修旅行を行う必要性について一緒に考えてくれる税理士は、あなたの質問に対して熱意をもって対応してくれています。万事において頼りがいのある税理士の確率が高いでしょう。

さらに、研修旅行を必要経費として落とすための要件（スケジュールや相手先の妥当性、合理性の検討）まで踏み込んで解説してくれるなら、依頼するに値する税理士です。

仮に海外へ研修旅行をする合理性が認められない場合でも、その理由を必要経費該当性の観点から説明してくれる税理士も信頼に値します。研修旅行自体を必要経費にできなくても、他の節税方法を一緒に検討してくれるはずです。

なお、副業で税理士を頼む場合、あなたの税務調査リスクを考えずに、支払った金額をやみくもに経費に落とそうとする人は避けましょう。

あなたが選ぶべきは、

・経費で落とせるものは積極的に経費に落とす
・あくまでも必要経費該当性（例えば研修旅行が必要経費になる理由）から税務上適正な答えを導く
・お客様であるあなたに税務調査があった時にも守ってくれる

そうした知識と熱意のある税理士です。

おさらい

副業に強い税理士を探す

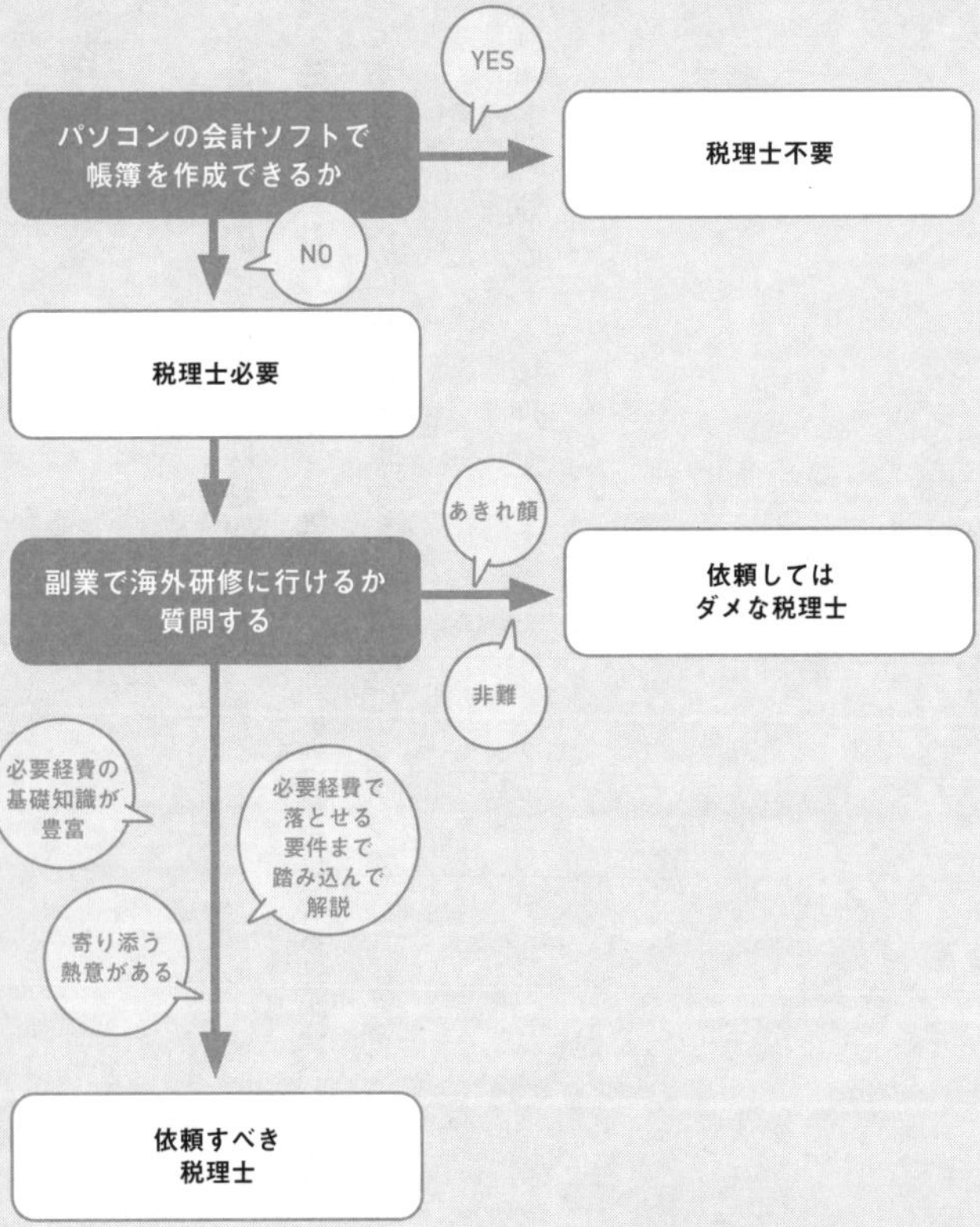

必要経費該当性から税務上適正な答えを導き、税務調査から守ってくれる知識のある税理士を選ぶ

9 高給取りこそ攻めの生前贈与を

医者や弁護士などの場合、後継者が家業を継ぐかどうかは、純粋に後継者の承継意思の問題です。後継者が自分の意思で「継がない」とする選択は充分に尊重されるべきものでしょう。

問題は、難易度の高い資格がないと承継できない家業で、後継者が資格を取れない場合です。このような難易度の高い資格は、いわば「世捨て人」になって、一心不乱にそのための勉強に時間を費やさなければ合格できません。それでも合格すればいいのです。晴れて親の看板を引き継げるのですから。

しかし、後継者が途中で資格取得をあきらめてしまったら厳しい状況になります。

人生の比較的若い時代を世捨て人として過ごしてしまうわけですから、普通に学卒で会社員をめざす人よりも就労機会や職業の選択肢が狭まってしまいます。経済的に恵まれない人生となってしまうかもしれません。

それでも、親が現役で高収入を保ち続けている間は、さしたる支障はないでしょう。子供が親のすねをかじって生きていくことも、事情が許すのであれば問題ありません。

けれども、親が亡くなった後は事情が変わります。残された親の扶養の問題や兄弟間の相続争いが発生して、すねをかじる余裕がなくなってしまうケースや、相続税がかかってほとんど財産が残らないケースはよくあるのです。

したがって、家業が資格商売の場合には、子供に対して、お金の手当てを早めに手厚く行っておくことが重要です。**通常の生活費のほか、資格取得のための支出や、資格取得に失敗したとしても生活に困らないだけのお金を贈与しておく**のです。

おさらいですが、通常の生活費の贈与には原則、贈与税がかかりません。

子供の生活費のために贈与したお金が、生活費として使われた後に多額に残ることのないように、うまく金額をコントロールしましょう。

通常は、多額にお金が残ることはないので、あまり神経質にならずに生活費をあげてください（子供の預金を増やしてあげるやり方などは、第1章Part1**「1　子供が生まれたら最初に行う税金対策」**23ページ参照）。

家業が資格商売の場合、子供に事業を承継させることだけに注目するのではなく、子供が事業を承継できない場合のリスクにも目を光らせておくことが必要です。

未成年への生前贈与を正しく実行し、お子さんが将来お金に困らないように手を打っておきましょう。

Part 2

副業を法人化しよう

副業で利益が上がり始めたら、次に考えるべきは法人化です。ここでは、個人と法人の税制の違い、法人化の最適なタイミング、法人化のメリット・デメリットなど、法人化に関する重要なポイントを解説します。また、法人化した時点で取り組むべき将来の円滑な事業承継への準備にも触れています。

1 法人にかかる税金の仕組み

個人事業で儲けが出たら法人化を検討しましょう。**法人化することでさまざまな経費を計上できるようになり、節税の打ち手が広がります**。

法人においても税金はいろいろな種類があります。とはいえ、副業をする場合には、次の3つの税目を押さえておけば十分です。「法人税・地方法人税（国税）」「法人住民税（地方税）」「法人事業税（地方税）」です。それぞれについて概説していきます。

1 法人税・地方法人税（国税）

法人税と地方法人税は別の税金ですが、地方法人税は法人税に連動して計算される（地方法人税＝法人税×10・3％）ので、ここでは一緒に説明します。

① 法人税・地方法人税の計算方法

法人税は、一定期間内の儲けに税率をかけて計算します。「モノやサービスを売って入ってきた金額」から「その経費として出ていった金額」を差し引いたものが儲けの金額です。法人税法ではその期間のことを「事業年度」、儲けのことを「所得」、入ってきた金額を「益金」と呼び、益金を得るための支出を「損金」と言います。

計算式で表すと

「各事業年度の所得＝益金－損金」

と定義されます。

法人税法では「益金」と「損金」について詳しく定義しています。しかし、ここでは「益金≒売上や利息収入および補助金収入」「損金≒原価や管理費」と理解していれば十分です。

個人であれば、利子所得・配当所得・給与所得のように所得区分ごとに所得計算を行います。しかし、法人税は所得税のように所得を発生原因ごとに分けません。正しくいえば、法人の所得の発生原因は事業だけ、すなわち個人で言うところの「事業所得」と考えるので、所得区分という概念すらありません。

計算された各事業年度の所得に税率をかけて法人税を算出します。

法人税率は、所得税のように超過累進税率（所得が増えると税率も上がる仕組み）ではなく、単一税率を採用しています（23・20％）。年間800万円までは軽減された税率（15％）により法人税を計算します。

② 法人税・地方法人税の申告・納税方法

個人の事業年度は暦年（1月1日～12月31日）で変更できません。それに対して、法人の事業年度は会社が任意に決められます。法人税の申告をするのと連動して地方法人税も計算できる仕組みになっています。

法人税・地方法人税の申告は、各事業年度終了後2か月以内に税務署に行います。ここで大事なのは、法人税の申告は、会社で日々の取引を会計帳簿に記帳し、申告書提出までに株主総会が開かれ、決算が確定していることが前提である点です。法人税・地方法人税の納付も、各事業年度終了後2か月以内に行わなければなりません。

なお、地方法人税は税金の名称に「地方」と記載されていますが国税となります。

2　法人住民税（地方税）

法人住民税は、都道府県民税と市町村民税に分かれています。さらに、それぞれが法人税割と均等割に分かれています。

①法人住民税の計算方法

法人税割とは、法人税の一定割合（都道府県・市町村別に税率が異なる）が住民税として計算される部分のことです。一方、均等割とは、法人税額に関係なく（つまり、法人が赤字の場合であっても）課される定額部分のことです。均等割の負担額は資本金の額に比例して大きくなります。

②法人住民税の申告・納税方法

都道府県民税と市町村民税のいずれも、事業年度終了の日から2か月以内に県税事務所や市役所などへの申告・納付が必要になります。個人住民税の申告は所得税の申告をすれば不要ですが、法人住民税は申告が必要です。ご注意ください。

3 法人事業税（地方税）

法人事業税は事業を行っている法人に課税されるもので、ざっくりいうと保険医療以外の全ての業種にかかるものです。

①法人事業税の計算方法

法人事業税は、法人税の所得金額をもとにして計算します。税率は都道府県ごとのルールに従って事業ごとに異なります。

②法人事業税の申告・納税方法

事業年度終了の日から2か月以内に都道府県税事務所に申告・納付します。法人住民税と同じく申告が必要になります。

おさらい

法人にかかる税金の仕組み

国税	法人税 地方法人税	**1年間の儲けに対し一定の率で課される税金** 法人税率は、単一税率を採用（23.20％）。 所得（儲け）が800万円までは 軽減された税率（15％） ※各事業年度終了後2か月以内に申告・納付が必要
地方税	法人住民税	法人住民税 ├ 都道府県民税 … 法人税割 ＋ 均等割 └ 市町村民税 … 法人税割 ＋ 均等割 法人税割…法人税に基づき一定割合で課される（都道府県・市町村別に税率が異なる） 均等割…法人が赤字の場合でも課される定額部分〔資本金の額に比例して大きくなる〕 ※各事業年度終了後2か月以内に申告・納付が必要
	法人事業税	**各事業ごとに決められている税金 法人税の所得（儲け）金額をもとに計算** ※各事業年度終了後2か月以内に申告・納付が必要

2 副業を法人化するタイミングとメリット

副業を開始する場合はまず個人事業でスタートし、成功したら、その後に法人化を考えていくのがセオリーです。法人化は副業が次の2つのうち、どちらかの状態になったタイミングで行いましょう。

1 副業の収入が1000万円を超えた
2 副業の所得金額（収入－必要経費）が500万円を超えた

これらは、**税負担の急激な上昇をおさえる必要があるタイミング**です。具体的には、1はそのまま個人で副業を続けると消費税を支払わなければなりません。2は副業において所得税などの税負担が増えてしまいます。どちらかのタイミングが訪れた段階で、個人事業をやめて法人化すれば、税金面での不利益を避けられるのです。

もっとも、収入が1000万円を超えたり、所得金額が500万円を超えたりする状態ともなると、副業の域を超え、本業として取り組まなければならないかとも思います。

それでは、法人化の主なメリットについて説明します。

①信用力が高まる

法人は個人事業と異なり登記が必要となり、社会的にその内容が公示されるので、取引先からの信用は高まります。役員個人のお金と会社の資金とが区別され、経理業務も個人事業より厳格に行われ、正しく帳簿が作成されるために、金融機関からの信用も上がります。このような社会的信用を背景にして優秀な人材を確保しやすくもなります。

②給与所得控除による節税ができる

個人の副業では、事業収入から必要経費を差し引いた所得金額が事業所得として課税の対象になります。当然ながら、所得金額の中から事業主本人に給与を支払うことはできません。

しかし、法人は事業主とは別の人格と認識されます。法人で稼いだ所得は経営者のものではなく、法人固有のものであり、その中から経営者は役員報酬（役員給与）をもらえます。

役員報酬は、法人の損金に計上されます。給与を受け取ると、受け取った金額から給与所得控除を差し引いて所得税の計算がされるので、事業主であった場合よりも税金面でお得です。

給与所得控除とは、いわば「給与収入に対して認められる必要経費」です。実際に支出していなくても、もらった収入の金額に対して一定割合が自動的に認められます。

つまり、給与所得は事業所得に比べて、同じ金額で比較すると給与所得控除分だけ課税される所得が低くなり、節税の恩恵を受けられるのです。

ちなみに、給与収入が55万円以下の場合には、課税所得はゼロになります。

③ 家族へ給与を分散して節税ができる

家族を役員にしておくことで、役員報酬を経営者だけではなく家族にも支給できます。そうすると、同じ金額を1人に支払う場合よりも税負担をおさえられるのです。

そうした計算になるのは、個人にかかる所得税は超過累進税率（所得の低い部分には低い税率を適用して、高い部分には高い税率を適用する仕組み）であるためです。役員報酬を数人に分散して支給すると、その分だけ低い税率が適用になります。

④ 青色欠損金の繰越期限が延びる

青色申告をしている個人事業の赤字は3年間しか繰り越せません。しかし、法人の青色欠損金は9年間繰り越せるので、その後に黒字になった場合でも期間が長い分、法人のほうが有利になります。

⑤役員などに旅費日当を支払える

個人では事業主に日当を支払っても必要経費にはなりません。しかし、法人の場合は一定の要件を満たせば旅費日当を損金算入できます。

一定の要件を満たせば、受け取った役員や社員の側では非課税扱いになります（詳細は第2章Part2**「4 役員旅費日当を使うと一石二鳥になる」**244ページ参照）。

⑥役員退職金を支払える

個人事業では、役員報酬や役員日当と同様に、退職金を自己に支払うという概念がありません。しかし、個人の副業を法人化すれば、法人から役員である自分に対して退職金を支払うことが可能になります。

その退職金は原則、会社の損金に計上できます。さらに、受け取った個人サイドでも税金面が優遇されます。退職所得は他の所得と合算されず（分離課税）、かつ受け取った金額の半分にしか課税されないため、税金がかなり優遇される仕組みだからです。

例えば、勤続20年の方が1000万円を受け取った場合、給与で受け取るより退職金で受け取ったほうが、最大で170万円ほど税金が安くなります。

ただし、勤続年数が5年以下である役員については、この優遇措置が適用されません。課税対象が受け取った退職金の半分とはならないので注意が必要です。

⑦ 消費税の免税を有利に扱える

消費税は、課税売上高が1000万円を超えた場合、その2年（事業年度が12か月の法人ならば2期分）後の事業年度から申告・納付が必要になる仕組みになっています。1000万円を超えたからといってすぐに消費税がかかるものではありません。

具体的には、次のような状況が考えられます。

1 個人事業で副業1期目から課税売上高が1000万円を超えた
　↓ 個人事業3期目から消費税が発生予定

2 個人事業で副業2期目も課税売上高が1000万円を超えた
　↓ 個人事業4期目も消費税が発生予定

3 個人事業を廃業して、新たに法人を設立（事業年度を12か月に設定）。その法人に副業を移し

て営業したところ、法人設立1期目から課税売上高が1000万円を超えた
↓ 個人事業を廃業したので個人で納める消費税はゼロになり、法人は設立3期目から消費税が発生予定

4 法人設立2期目も課税売上高が1000万円を超えた
↓ 法人設立4期目も消費税が発生予定

5 法人設立3期目は、法人設立1期目の課税売上高が1000万円を超えている
↓ この期から消費税が発生する

以上の例からわかるとおり、個人の副業で課税売上高が1000万円を超えてから2年後に個人事業を廃業し、それに代わって副業法人を設立すれば、最長4年間は消費税の納税義務が免除されることになります。

なお、このメソッドを行う場合、注意点があるので触れておきます。結論だけ申し上げれば、前述したパターン3のタイミングで新設する法人の資本金の金額が1000万円を超えると、免除期間は4年間から3年間へとなり、1年短くなってしまうことです。4年間の消費税免除をしたい場合、新設法人の資本金が1000万円を超えないように設定しておくことをお忘れなく。

おさらい

副業を法人化するタイミングとメリット

法人化のタイミング	法人化する理由	法人化の狙い
副業収入 1000万円超	収入が1000万円を超えると消費税の支払いが必要となるため	法人化することで、消費税の支払いを先延ばしできる
または		
副業の所得金額 500万円超	(収入－必要経費)が500万円を超えると所得税などの負担が大きくなるため	法人化することで、税負担をおさえられる

法人化のメリット

信用力の向上	役員個人のお金と会社の資金とが区別され、経理業務も個人事業よりも厳格に行われ、正しく帳簿が作成されるために、金融機関からの信用も高まる
給与所得控除による節税	個人事業と比べ、同じ金額で比較すると給与所得控除分だけ課税される所得が低くなる。給与収入が55万円以下の場合には、課税所得はゼロ
家族への給与分散による節税	家族を役員とし、役員報酬を数人に分散して支給することで、同じ金額を1人に支払う場合よりも税負担をおさえられる
青色欠損金の繰越期限	個人事業の赤字は3年間しか繰り越せないが、法人の青色欠損金は9年間繰り越せる
旅費日当	個人では日当を支払っても必要経費にはならないが、法人は一定の要件を満たせば旅費日当を損金算入できる(しかも、一定の要件を満たせば、受け取った役員や社員のほうでは非課税扱いになる)
役員退職金	退職金は会社の損金に計上できる。さらに受け取った個人サイドでは、退職所得は他の所得と合算されず(分離課税)かつ受け取った金額の半分にしか課税されないため、税金がかなり優遇される ※勤続年数が5年以下の役員は、この優遇措置が適用されないので注意
消費税の免税	個人の副業で課税売上高が1000万円を超え、2年後に個人事業を廃業し、副業法人を設立すれば、最長4年間は消費税の納税義務が免除される

3 副業を法人化するデメリット

法人化にもデメリットがあります。主なものを紹介しましょう。

①登記が必要で設立費用もかかる

個人事業を開業する場合に登記は必要ありません。しかし、法人設立の場合は設立登記が必要になります。自分で登記すれば登録免許税などの実費だけで済みますが、手続きが煩雑です。そのため、通常は司法書士などの専門家に依頼することになり、支払う報酬もかかります。

法人には、株式会社・合同会社・合資会社・合名会社などいくつか種類があります。株式会社と合同会社の両者を比較してみると、328ページ図表のとおり、設立費用は合同会社のほうが安く済みます。

②複式簿記で経理する必要がある

個人事業を行う場合、複式簿記は法律上必須ではありません。青色申告適用者が65万円の青色申告特別控除を適用するときだけ、複式簿記で記帳することが求められています。

逆に、何が何でも青色申告特別控除を65万円取りたいのでなければ、複式簿記で記帳することにこだわらなくてもいいのです（その場合は青色申告特別控除を10万円しか適用できません）。

しかし、**法人では複式簿記による帳簿作成が大前提**です。そのため会社内部で帳簿をつけられない場合、会計事務所に記帳代行を依頼する費用がかかります。

また後で触れますが、法人になると税務調査が入りやすくなります。調査を受けた時に自社の帳簿記録が杜撰だったり、記帳そのものをしていなかったりすると調査官の目が厳しくなります。法人のほうが個人に比べて税務リスクが高くなるのです。

法人になった後、税理士に税務顧問を依頼すれば、そのコストもかかります。

③ 税務調査が入りやすい

個人の確定申告をしている方に税務調査が行われる確率（実調率《じっちょうりつ》）は連年1％程度ですが、法人は3％となっており、両者の間には3倍も開きがあります。実調率はたかだか3％に見えますが、実際には法人の税務調査の場合は個人と異なり同じ事業者が何回も調査に入られています。税務署に一度目を付けられると、ずっと付け狙われることになるのです。

④会社のお金を自由に使えない

個人事業の場合、事業で儲けたお金は自分で好きなように使えます。しかし法人の場合、そうはいきません。法人化すれば会社のお金は自分のお金とは区別して切り離されることになるので、経営者であっても会社のお金を自由にはできなくなります。

なお、経営者が会社からお金を借りる場合には利息を支払う必要があります。これも注意が必要です。

⑤ランニングコストが増える

法人化すれば、司法書士への報酬や税理士への顧問報酬、会計事務所への記帳依頼代金を支払う必要があり、社会保険料も増えます。役員変更登記も必要になり、個人事業とは比べものにならないほどランニングコストがかかります。

⑥重要事項の決定に手続きが必要

個人事業では、判断が自由にかつスピーディーにできます。しかし、法人は意思決定に株主総会や取締役会の決議が必要になる事項が会社法で定められています。手続きは会社法に従わなければならない煩雑さが発生します。

⑦交際費を損金に算入できない場合がある

個人事業の場合、事業遂行上必要と認められる交際費は、全額必要経費に入れることが認められています。しかし法人の場合、交際費のうち損金に算入できる限度額が定められているため、交際費の一部または全部が損金算入できない場合があります。

⑧社会保険料を支払う必要がある

個人事業の場合、従業員が5人未満であれば社会保険は任意加入です。しかし法人の場合、たとえ代表者1人であっても社会保険に強制加入となり、保険料負担が増加します。

⑨赤字でも税金がかかる

個人事業の場合、儲けが赤字であれば所得税・個人住民税・個人事業税はゼロで済みます。しかし法人の場合、赤字であっても法人住民税の中の「均等割」がかかります。法人住民税の均等割は、資本金の金額や従業員数に応じて課税されます。一律には言えませんが、最低でも年間7万円程度となります。

次の図も参考にしながら、法人化を検討してみてください。

個人事業・合同会社・株式会社の特徴と費用比較

			個人事業	法人	
				合同会社	株式会社
信用力			法人より低い	社会的な信用が比較的低い	社会的な信用が比較的高い
登記		出資金	登記不要	1円以上	
登記		出資者		1人以上	
登記		決算公告		不要	必要
登記		役員任期		なし （変更登記の手間が省ける）	10年 （変更登記に手間がかかる）
登記	設立コスト	定款認証		0円	5万円
登記	設立コスト	印紙代		4万円	
登記	設立コスト	登録免許税		6万円	15万円
ランニングコスト		税理士費用	ゼロ （自分で行う場合）	10万円～20万円 （1人会社の場合）	
ランニングコスト		法人住民税		7万円～	
ランニングコスト		社会保険	従業員5人未満は加入不要	役員1人から強制加入	
ランニングコスト		変更登記	登記不要	1万円～ （住所・役員変更など）	

おさらい

副業を法人化するデメリット

登記・設立費用	法人設立に登記手続きが必要となり、そのための費用がかかる
複式簿記による経理	法人では複式簿記による帳簿作成が大前提となる。会社内部で帳簿をつけられない場合、会計事務所に記帳代行を依頼する費用がかかる
税務調査	税務調査が行われる確率（実調率）は個人の場合、連年1%程度だが、法人の場合は3%となっており、両者の間には3倍の開きがある
会社のお金を自由に使えない	会社のお金は自分のお金とは区別して切り離されるため、経営者と言えども自分で好きなように使うことはできなくなる ※経営者が会社からお金を借りる場合、利息を支払う必要がある
ランニングコスト増加	司法書士報酬、税理士への顧問報酬、会計事務所への記帳依頼代金に加え、社会保険料、役員変更登記料など、個人事業とは比べ物にならないくらいランニングコストが増える
重要事項の決定に手続きが必要	個人事業での意思決定は自由かつスピーディー 法人は意思決定に株主総会や取締役会の決議が必要になる事項が会社法で定められており煩雑
交際費の損金不算入	個人事業では、交際費は全額必要経費となる。一方、法人の場合、交際費のうち損金に算入できる限度額が定められており、交際費の一部または全部が損金算入できない
社会保険	個人事業の場合、従業員が5人未満であれば社会保険は任意加入。 法人の場合、代表者1人でも社会保険に強制加入となり、保険料負担が増加
赤字でも税金がかかる	個人事業では儲けが赤字であれば所得税・個人住民税・個人事業税はゼロ。 法人の場合、赤字でも法人住民税の中の「均等割」がかかり、最低でも年間7万円はかかる

4 子供にも出資させる

不動産投資など資産管理タイプの副業を法人化する場合は、法人設立時から円滑な資産承継を見据えた行動が必要です。

法人化するまでに副業が成長しているということは、あなたは不動産投資で成功し、年齢も高めであると思われます。生まれたころから資産承継に備えている地主と比べて、資産承継のために残された時間が短いのです。

そのタイミングで自分の子供が大学生や社会人などの年齢であれば、副業を法人化する際に子供にもいくらかでも出資させてください。**自分が元気なうちに子供にも出資をさせ、法人の持ち分を持たせることで、あらかじめ資産承継をしているのと同じ効果を生み出せるから**です。

1 法人に出資させる金額と方法

出資額は自分が全体の3分の2以上、子供が最大3分の1とし、自分自身の判断で特別決議が行えるようにしておきましょう。定款には自分を代表役員とし、子供は一役員として記載します。

子供との関係が良好で、法人の意思決定がスムーズに行える場合は、自分と子供で50％ずつ出資してもいいでしょう。

法人の出資金は親が20万円、子供が10万円程度でも構いません。ただし、出資する際には実際に子供にお金を出させましょう。出資金を親が出している場合は、後で名義株式などの問題が生じますのでご注意ください（「名義株式」は、名義は子供だが実質の負担者は親であるため、相続財産と認定される）。

親が出資金を子供に与えたい場合は、贈与契約書を作成し、必要に応じて贈与税の申告を行ってください（子への贈与については第1章**Part1「1 子供が生まれたら最初に行う税金対策」**23ページ参照）。

2　子供に出資させるメリット

副業法人に対して子供に出資させる具体的なメリットは、次の2つです。

①相続税の負担を減らせる

法人の時価総額は、設立時には出資金の額のまま（先の例だと設立時は時価総額30万円の法人となります）ですが、副業や不動産の購入を行うことで、将来的な時価総額は上がります。例えば、将来、自分が亡くなって相続を行う際、設立時から子供がその法人の持ち分を所有していれば、課税対象がその法人の時価総額の半分になり、相続税を大きく減らすことができるのです。

②子供が事業を「自分事」として認識する

子供が複数いる場合は、それぞれの子供たちに相続させる法人を子供の数だけ設立することも検討しましょう。

各自に承継させたい物件を法人ごとに購入していきます。これによって将来的な相続税を下げる効果があるばかりでなく、子供ひとりひとりが自分自身の承継する物件を若いうちから「自分事」として認識するようになります。それによって相続後に失敗する可能性を減らせるのです。

この方法をうまく使えば、資産承継を円滑に進められるだけでなく、経営管理の方法も伝授でき、残された子供はお金の面でも経営ノウハウの面でも困らなくなります。

親として資産を残すだけでなく、生きていくための力やノウハウを身につけさせてあげることが、私は最高の〝相続対策〟だと思います。

Part 3

法人を事業承継させよう

ここでは、個人の副業として土地・建物を賃貸しているあなたが、「資産管理会社を使った事業承継メソッド」によって節税する方法を解説します。このメソッドは「個人から法人へ」「法人から個人へ」の2種類がありますので、それぞれのポイントを理解し、有効に活用しましょう。

1 資産管理法人の事業承継メソッド①「個人→法人」

資産管理法人を使った事業承継メソッドの1つめは「個人→法人」です。

これは建物を個人から法人に移転する方法。具体的には、**「土地建物を賃貸している個人が、不動産管理会社を設立し、一定期間個人で不動産賃貸を続けた後に、その法人に建物だけを残存簿価で売却して、会社から地代だけをもらう」**というものです。

1 「個人→法人」メソッドのスキーム

「個人→法人」メソッドの大まかな流れは、次のようになります。

1 すでに土地・建物を第三者に賃貸している状態（個人）
2 数年間この状態を続ける（個人で減価償却が終わるまで、など）

3 管理法人を設立する
4 管理法人に建物を簿価で売却する（土地は個人名義のまま）
5 管理法人からオーナー個人に地代を支払う
6 相続までこの状態をキープする

2 「個人→法人」メソッドのメリット

「個人→法人」メソッドには次のようなメリットがあります。

① オーナー個人の相続税を圧縮できる

このメソッドを活用することで、オーナー個人の相続税の圧縮が可能となります。管理法人からオーナー個人に地代を支払うことで、オーナー個人の土地は通常の土地に比べて評価が激減するからです。

具体的には、相続税で土地を評価する際に、土地の上に第三者が建物を建てている場合（これを「貸宅地《かしたくち》」といいます）には、その土地の評価額は最低でも更地の8割になります。もしこれが銀座などの超一等地であれば、更地の1割まで圧縮される可能性もあります。

②節税によって懐具合を豊かにできる

このメソッドは副次的に建物の収入を法人に移転させて税負担を軽くできることや、個人でお金を貯められるようになるというメリットも生まれます。

例えば、法人から役員報酬を自分の家族に支払うこと（所得分散）によって税負担を低くできます。さらに、法人サイドで事業に関連する経費を支払うことで個人のキャッシュアウトをなくし、（個人の）実質的な懐具合を豊かにすることが可能となるのです。

③個人の財産状況を税務署の把握から守れる

このメソッドは税務署から個人を守るというメリットも生み出してくれます。

というのも、一定以上の高所得かつ富裕層（個人の年間所得が２０００万円を超え、かつ財産が3億円超）の方は、毎年確定申告時に「財産債務調書」という書類を税務署に提出しなければなりません。この調書に自分が保有する財産・債務をすべて記載し、税務署に開示する必要があります。調書の内容に虚偽を記載すると後でペナルティがかかるため嘘はつけません。この調書を一度提出したら最後、もはや自分の財産状態は税務署に丸裸になってしまうのです。

ポイントは「個人の年間所得が２０００万円を超え」という点です。「個人→法人」メソッドを用いることで、建物の収入を法人へ帰属させ（法人から個人へは地代を支払うのみとし）個人の年間所得を、調書の提出対象者に当てはまらないように2000万円未満にコントロールします。これにより、高所得かつ富裕層の個人においても、この調書の提出から身を守ることが可能となるのです。

3 「個人→法人」メソッドの応用

このメソッドの応用として、土地建物を賃貸して収入を上げようとする際に、土地を個人で購入し、上に建てる建物を法人で建設するという方法があります。

これは、まだ賃貸していない更地にアパートなどを建設する場合、最初から建物を法人名義で建てるため、新規にアパートを建築する場合のみ実行可能です。新しくアパート建設を行う際には、このメソッドを活用してみましょう。

注意点としては、法人に建物を売却し、土地を貸している状態では、その法人に対して借地権課税が行われる可能性があるということです。

借地権課税とは、簡単に言うと、法人が個人地主から土地を借りて建物を所有する際に、権利金を地主に支払っていないと法人に借地権相当額が課税されるものです。借地権相当額は個人で下げた土地の評価額と同等の額ですから、借地権課税をされると、せっかく個人で下げた土地の評価額を法人側の法人税として取られることになります。

そうなると、「個人→法人」メソッドを実施した意味がなくなるのです。

この借地権課税を回避するには、あらかじめ『無返』（『土地の無償返還に関する届出書』）の届け出をしておく必要があります。『無返』については、このPartの最後**「3『無返』を提出する」**（343ページ）で説明します。

おさらい

資産管理法人の事業承継メソッド①「個人→法人」

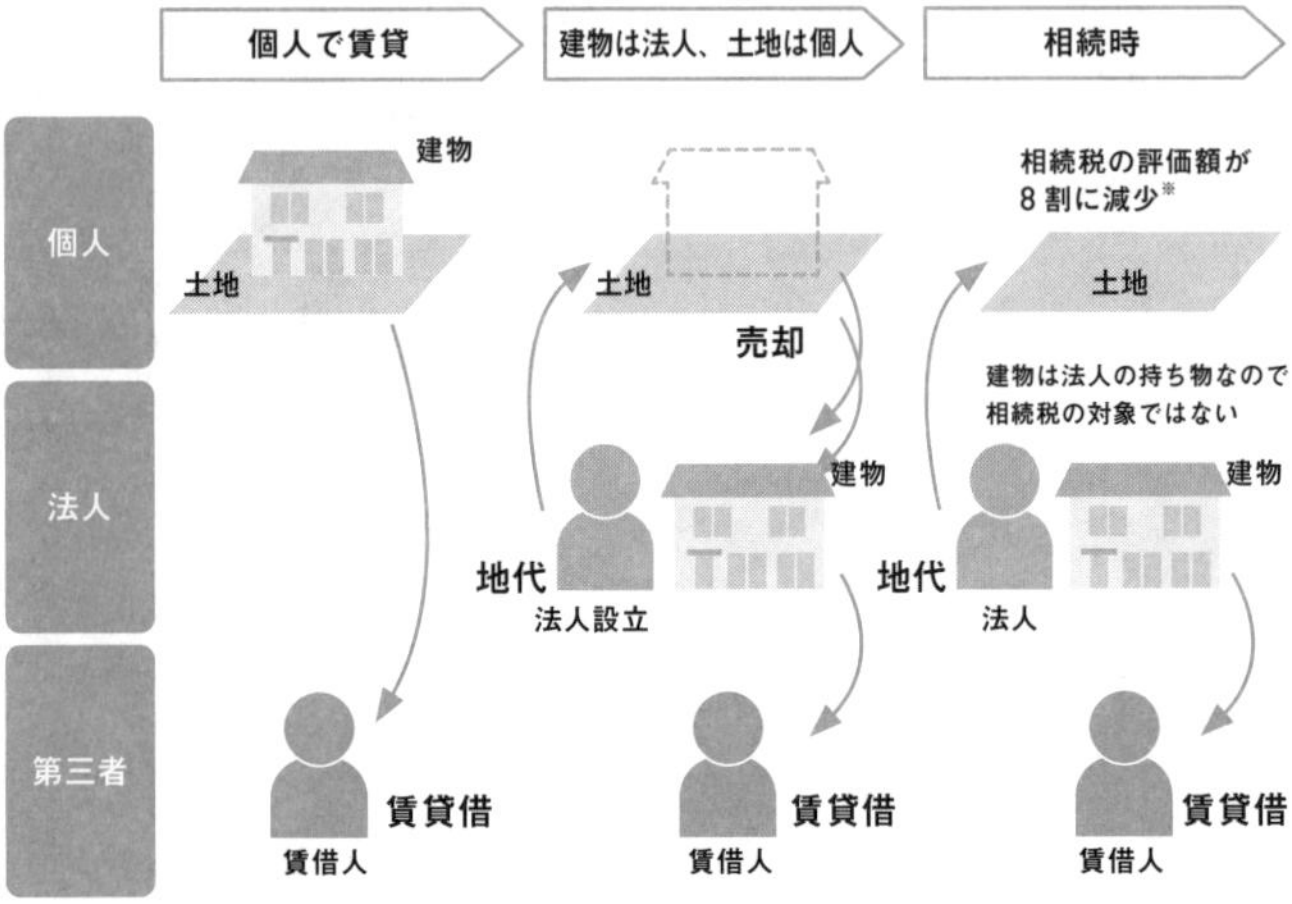

※『無返』（土地の無償返還に関する届出書）を提出し、法人に対し借地権課税を行われないように注意する

「個人→法人」メソッドのメリット

土地の評価減	建物を法人名義にすることで、個人で所有する土地（貸宅地）の評価額は、最低でも更地の7割になり、評価が激減する ※『無返』を提出した場合、評価額は更地の8割
個人の税負担とキャッシュアウトの軽減	建物の賃料収入を法人に移転させ税負担を軽減、役員報酬を家族に支払い、所得分散により税負担を軽減、法人で事業経費を支払い、個人のキャッシュアウトをなくすことが可能
税務署から個人を守る	賃料収入を法人に帰属させ（法人から個人へは地代を支払うのみとし）個人の年間所得を、2000万円未満にコントロールすることで、「財産債務調書」の提出対象に当てはまらないようにできる

2 資産管理法人の事業承継メソッド②「法人→個人」

前項では、資産管理法人を使った事業承継メソッド「個人→法人」について説明しました。ここではそれとは逆で「法人→個人」メソッドを紹介します。

具体的には、**「土地建物を資産管理会社で購入・賃貸し、ある程度収入を上げてから、その土地（場合によっては建物だけ）を個人に簿価で売却して、個人に高利回りの中古物件を移転させる」**という流れになります。

このメソッドでは、次のようなメリットを得られます。

①個人の所得を増加させる

資産管理会社を整理する場合や、加齢に伴う医療費負担や老人ホームへ入居する場合など、自分の今後の生活費の増加に備えて自己に所得を集中させるときに使えます。

それなりに賃貸実績のある優良物件を簿価にて売却（個人側から見ると購入）しますから、個人においては必然的に高利回り物件を取得することとなります。結果として個人の所得を増やせるわけです。

売却する前に物件の大規模修繕を行っておくと、このメソッドの効果がさらに高まります。法人側は修繕費を計上でき、個人側はキャッシュアウトを伴わずに状態が良好な物件を取得できるからです。

なお、償却済み（簿価が1円）の建物については、固定資産税評価額などの合理的な価額で売却しましょう。

② 子供や孫に優良物件を移転できる

このメソッドは、子供や孫に優良賃貸物件を生前に移転させるときにも使えます。簿価で優良物件を売却することで、子供・孫は高利回りの物件を得られるのです。

子供や孫が十分なお金を持っていない場合は、生前贈与を選択活用して、建物の所有権を子供や孫に移すことを考えます。

事業承継する場合、法人という存在は非常に使い勝手がいいので、後継者に承継させることを視野に入れ、法人の設立を幅広く検討してみましょう。

3 『無返』を提出する

「1 資産管理法人の事業承継メソッド① 『個人→法人』」（335ページ）では、個人の土地を借りて法人が賃貸物件を所有している場合、その法人に対して借地権課税の可能性があると説明しました。

税法では、第三者に自分の土地を貸した場合、借りた側はその土地を使用する権利として「権利金」を支払うことが当然だと一般的には考えられています。しかし「個人→法人」メソッドの場合、自分の土地を自分が設立した法人に貸し出すため、「権利金」を支払うことはほぼありません。

土地を借りた法人が「権利金」を支払わなかった場合、法人に対して借地権の認定課税（権利金の認定課税）の可能性があります。法人は、本来は相応の代価を支払って取得すべき借地権を無償で手に入れて利益を得たわけですから、その利益に対して課税が発生するわけです。

借地権は借地借家法上、かなり強力な権利です。一度土地を貸し出すとなかなか返してもらえないという点を、税務では「土地の一部買い」と考えて課税しますが、**「無返の届け出」とは、「将来この借地権を無償で返還するのを約束すること」**なのです。将来無償で返還するなら、法人は利益を得ていないため課税されずに済むということです。

したがって、「個人→法人」メソッドを行う際は、『無返』（『土地の無償返還に関する届出書』）の提出が必須になります。

具体的な手続きは簡単です。まず、個人と法人で結ぶ土地の賃貸契約書には、将来無償で返還する旨を盛り込んで作成しておきます。

次に、『土地の無償返還に関する届出書』の様式を個人と法人の連名で作成し、個人（土地所有者）の所轄の税務署長に提出するだけです。

土地の価額に関する計算明細を添付する必要がありますので、あわせて整理しておきましょう。自分で提出できない場合は、顧問の税理士に依頼してください。

なお、『無返』を提出した場合、貸宅地の評価減は2割に減ってしまいます。しかし、将来的なリスクを減らすために届け出は必ず行いましょう。

第 4 章

税理士と良好な関係を築く方法

Part 1　よい税理士の条件
Part 2　よい税理士との付き合い方

あなたは「税理士なら誰に頼んでも同じ」「税金を安くしてくれるのがよい税理士」と思っていませんか？　いずれも間違いです。医師や弁護士と同じように、頼む人を間違えると大きな損失を負うことになります。本章では、税理士の正しい選び方とよいお付き合いのしかたを解説していきます。

Part 1

よい税理士の条件

ここでは、まず経営者として税理士に依頼するメリット・デメリットを理解しましょう。そのあと、あなたにとって「よい税理士」「優秀な税理士」「使える税理士」とはどのような人かを見極めましょう。あなたとしっかりタッグを組める税理士が見つかれば、ビジネスの成功につながることでしょう。

1 税理士に依頼するメリットとデメリット

「税理士に相続税の対策を依頼すると、どんなメリットがあるの?」

このような質問を受けると、私はいつも次のように「5つのメリットと2つのデメリット」をお伝えしています。

1 税理士に依頼する5つのメリット

まずは、税理士に相続税対策を依頼するメリットを詳しく解説していきます。

① 自分で計算するよりも税額が安くなる

相続税実務が得意な税理士は、相続税額を安くする勘所を熟知しています。例えば、土地評価額を低くおさえる方法や、各種特例をフルに使えるようにする要件整備の手法などがそうです。依頼者の税額の負担を極限まで低くしてくれるのです。

②税務調査リスクを低くおさえられる

ただやみくもに税金を低くするだけの申告では追徴リスクが高くなり、場合によっては税務調査が行われてペナルティを受けることになります。せっかく税金を低くしても依頼者のためにはなりません。

税理士は、依頼者をそのような危険な目に遭わせないために、税務署からの指摘を防ぐ手法で申告を行います。依頼者が税務調査を受けるリスクを下げられるのです。

③時間コストが削減でき、ストレスからも解放される

相続税の申告期限は、被相続人が亡くなってから10か月です。一見すると時間に余裕があるように思えますが、亡くなった日から四十九日までは意外と慌ただしく、「気がつくともう亡くなってから半年経った」というケースはよくあります。多くの人は四十九日以降にようやく手続きを開始するため、残り時間は実質6か月しかなく、意外と余裕がないのです。

いざ手続きを始めてみると、相続手続きや申告書作成など期限までにやらなければいけない面倒なことが多く出てきます。慣れないことなので上手に進まずイライラも募ります。さらに、遺

族たちが自分たちの取り分で争い出すなど、想定外の事態が起こることもしばしばです。税理士に依頼すると相続手続きは最小限で済み、自分の時間を無駄にすることもなく、そのようなストレスからも解放されるのです。

④二次相続を見据えた対策が可能になる

両親のどちらかが亡くなった後、両親の財産状況によっては、将来の二次相続において再び相続税がかかってくる可能性があります。しかし、税理士に依頼しておけば最初から二次相続を見据えた生前相続対策を立ててもらえます。

最初の相続の対応を間違えると、二次相続のほうが多大な相続税が発生してしまいます。二次相続まで視野に入れて最初の相続を考えておくことは、相続税対策にとって非常に重要なのです。

⑤税務調査があった時に立ち会ってもらえる

相続税の税務調査が行われる割合は、実地調査、電話・文書での照会も含めて、おおよそ25％程度です。非常に高いと言えます。

相続税を申告すると、税務調査時に調査官に対して余計な疑義を持たれないような説明と事前準備が必要になります。

私が国税調査官だった時には、税理士が調査に立ち合わなかったために相続人が適切に回答できず、多額の追徴課税を受けることになった事例を何度も目にしました。もし税理士が立ち合っていれば、追徴課税からは逃れられたかもしれません。仮に財産漏れがあったとしても、税理士が冷静に回答できるので余分な税金を支払わずに済みます。

このように、**相続税申告の際に税理士に依頼することは非常に重要**です。

2 税理士に依頼する2つのデメリット

税理士に依頼することにはデメリットもあります。

① 報酬が発生する

生前対策や会社オーナーの株価評価、相続税の事前対策などを依頼すると、最低でも10～20万円程度の報酬が発生します。依頼することで相続税が安くなるメリットなどと比較して、依頼するかどうかを決めていただきたいと思います。

②焦って選んだ税理士の場合、失敗する可能性がある

これは税理士に依頼する直接的なデメリットというよりも、後で発生する可能性のあるデメリットとして、ぜひ押さえておきたいことです。焦って税理士を決めると後で失敗するのです。

以前、農家を継いだ息子さんから、「父が亡くなった時の相続税の申告書を見直してほしい」という依頼を受けたことがあります。その内容を見直したところ、土地評価に大きな誤りがあり、実際の評価額が3000万円も下がり、結果として300万円ほどの還付を受けることができました（被相続人が亡くなってから5年10か月以内であれば相続税の還付が可能です）。

その時、息子さんはこうおっしゃっていたのです。

「最初に依頼した税理士は、右も左もわからないままインターネットで探した。見栄えのよいホームページだったのでその税理士に決めたが、実際に会ってみたらあやしい印象を受けた。正直なところ不信感はあったが申告期限ギリギリだったのでそのまま依頼した。しかし、今まで気づかずにこんなに余分な税金を払っていたとは……。あの時もっとあせらなければこんな結果にならなかった」

このように、すべての税理士が必ずしも相続税に詳しいというわけではありません。申告期限ギリギリにあせって依頼するのではなく、事前に余裕をもってよい税理士を選んでおく必要があ

ります。

以上、税理士に仕事を依頼する主なメリットとデメリットをご紹介しました。

まずは自分にどのような財産がいくらあるのかをメモに書き出してみましょう。

もしあなたの財産が合計5000万円を超えたなら、一度身近な税理士に相談してみることをお勧めします。

税理士に財産評価を行ってもらえば、報酬は発生します。しかし、現状を知ることができ、安心できること請け合いです。

おさらい

税理士に依頼するメリットとデメリット

メリット

- 自分で計算するよりも税額が安くなる
- 税務調査リスクを低くおさえられる
- 時間コストが削減でき、ストレスからも解放される
- 二次相続を見据えた対策が可能になる
- 税務調査に立ち会ってもらえる

↕

デメリット

- 報酬が発生する
- 焦って選んだ税理士の場合、失敗する可能性がある

2「よい税理士」とはどんな人？

税理士選びをした後、人は2種類に分かれます。笑う人と泣く人です。

よい税理士と付き合うと、問題が発生した際に最適なサポートを受けられるため、余計な時間とストレスを省けます。「事業計画書」を作成してもらえたり、適切な相続税対策のアドバイスをしてもらえたりします。役に立つサポートを多く受けられるのです。

一方で、残念な税理士と付き合うと、適切なアドバイスを受けられないため、無駄な時間やストレスを抱えるだけでなく、莫大な損失を被ってしまう可能性があります。誤った相続税対策を勧められ、何千万円ものお金を失うこともあるのです。

では、なぜ税理士選びに成功する人と失敗する人とに分かれてしまうのでしょうか。それは、「よい税理士」とはどんな人か知らないまま、やみくもに税理士を選ぶからです。

よい税理士とは、自分の盲点に気づかせてくれる人のことです。ただ単に、税金を安くしてくれるだけではありません。もし、あなたの税理士が、次の3つのことをしてくれるのであれば「よい税理士」と言えるでしょう。

1 あえて税金を支払ってでも家族の希望を叶えてくれる

相続税の対策で一番大事なことは「家族がもめないこと」です。家族がもめてしまうと、お金も大切な人との縁も失ってしまうのです。せっかく相続税対策をしていたとしても、残された家族同士がもめると、申告期限内に遺産分割が行えず、税金が安くなる特例を使えなくなります。

家族がもめてしまう原因の多くは、相続税対策の内容にあります。単純に税金を最小化するだけの意図で講じた対策は、往々にして誰か特定の相続人の犠牲を強い、それが不満の元となるからです。

よい税理士は違います。あえて税金を支払ってでも、全ての人の希望をできる限り盛り込み、全員が幸せになれる方法を模索し続けるのです。

ここで、相続税を多く支払ったけれど、結果的に家族仲を守ることになって感謝された案件を紹介します。

ある地主さんが不動産を長男だけに承継させるために、他の兄弟たちのことを顧慮しないで相続税対策を行っていました。それを他の兄弟たちが不満に思い、兄弟仲が悪くなりかけていたのです。

もちろん、一部の不動産を処分し、長男以外の兄弟には現金で支払うこともできました。しかし、私は違うアドバイスをしました。ご家族の会話から、長男以外の兄弟も実は不動産経営に興味がありそうだと感じていたのです。その地主さんには、「長男以外に現金で支払うのではなく、所有する土地の上に建物を建設して、その所有権を弟たちが得るという形で納得してもらえませんか」とご提案しました。

その地主さんはアドバイスを受け入れてくださり、ご自分が元気なうちに駅前の一等地にマンションを建設し、その所有権を長男以外のお子さんたちに譲るようにしました。後になってお子さんたちに話を聞いたところ、「兄と同様に不動産経営をやっていきたいと思っていた。あの時、兄だけが継承していたら、今のように兄弟三人仲よく話をすることはなかった」と感謝されました。

相続することで家族の仲が悪くなってしまっては本末転倒です。多少の税金支払いは発生しましたが、よい結果になりました。

私の事例を題材に語るのはおこがましいのですが、**よい税理士は多少の税金を支払ってでもす**

べての人の希望をかなえられるよう、あきらめずに知恵を絞ります。お金以上に大事なことがあることを知っているからです。

2 別の専門家（才能の輪）とのつながりが豊富である

よい税理士は、自分の仕事を単純に「申告書を作ること」と捉えていません。自分を**「お客様の人生を豊かにするプロジェクトマネージャー」**だと考えており、相談内容が税務以外の領域に広がったとしても諦めません。「税務の問題ではないのでこれ以上の相談には乗れません」などと、切り捨てるような態度はとらないのです。

彼・彼女らは、自分の手に負えない案件には専門家を紹介したり、お客様と一緒に適任者を探したりしてくれます。たとえ税理士自身にメリットがなかったとしても、お客様の希望を叶えるのに役立ちそうな情報を集めてくれます。

例えば、「よい不動産業者を紹介してほしい」「よい弁護士はいませんか?」「議員の先生とお付き合いはありますか?」といった要望にも、できる限り応えてくれるでしょう。

そもそもよい税理士は、他分野の専門家（私はその方々に敬意を表して「才能の輪」と呼びます）との関係作りに努め、お客様が税務以外の問題に直面したときも対応できるよう準備しています。「税のことだけ知っていればいい」という近視眼的な考えを持っていません。

ただし、誰かを紹介してくれるからといって、必ずしもよい税理士というわけではないので注意が必要です。世の中には、悪徳不動産業者からリベートをもらい、お客様が大損するような物件を紹介する悪い税理士もいるのです。

誰かを紹介されたときには、その人が優秀な人材かどうかをあなたの目でも確かめるようにしましょう。そのうえで、依頼すべきかを判断してください。

3 会社の目標利益の設定を手伝ってくれる

日本の富裕層の約50％は会社オーナーです。法人化している医者や弁護士なども含めれば、その割合は90％にまで跳ね上がります。安定した会社経営で利益を残し、それを上手に貯めるように工夫すれば、すぐにお金持ちの仲間に入れます。

その工夫とはズバリ、会社の規模や売上の多さに着目するのではなく、残った利益を最大化させる経営にフォーカスすることです。

どれだけ売上が大きくても、従業員が多くても、利益が残らない会社はすぐにつぶれてしまいます。だからこそ会社存続のために最低いくらの儲けを出さなければならないのかを、あらかじめ見える形にしておかなければならないのです。

よい税理士は、借入金の返済状況や利益率などの情報から目標利益を算出し、その達成をサポートします。社内に目標利益があると、それを達成するために会社経営を工夫する風土ができあがり、儲かる会社に変化できるのです（目標利益については、第2章Part2**「2 目標利益の立て方」**228ページ参照）。

以上、3つの観点から「よい税理士」について説明しました。繰り返しになりますが、**よい税理士とは自分の盲点に気づかせてくれる存在**です。あなたもよい税理士を活用して、お金に困ることのない安定した人生を歩んでください。

おさらい

「よい税理士」とはどんな人？

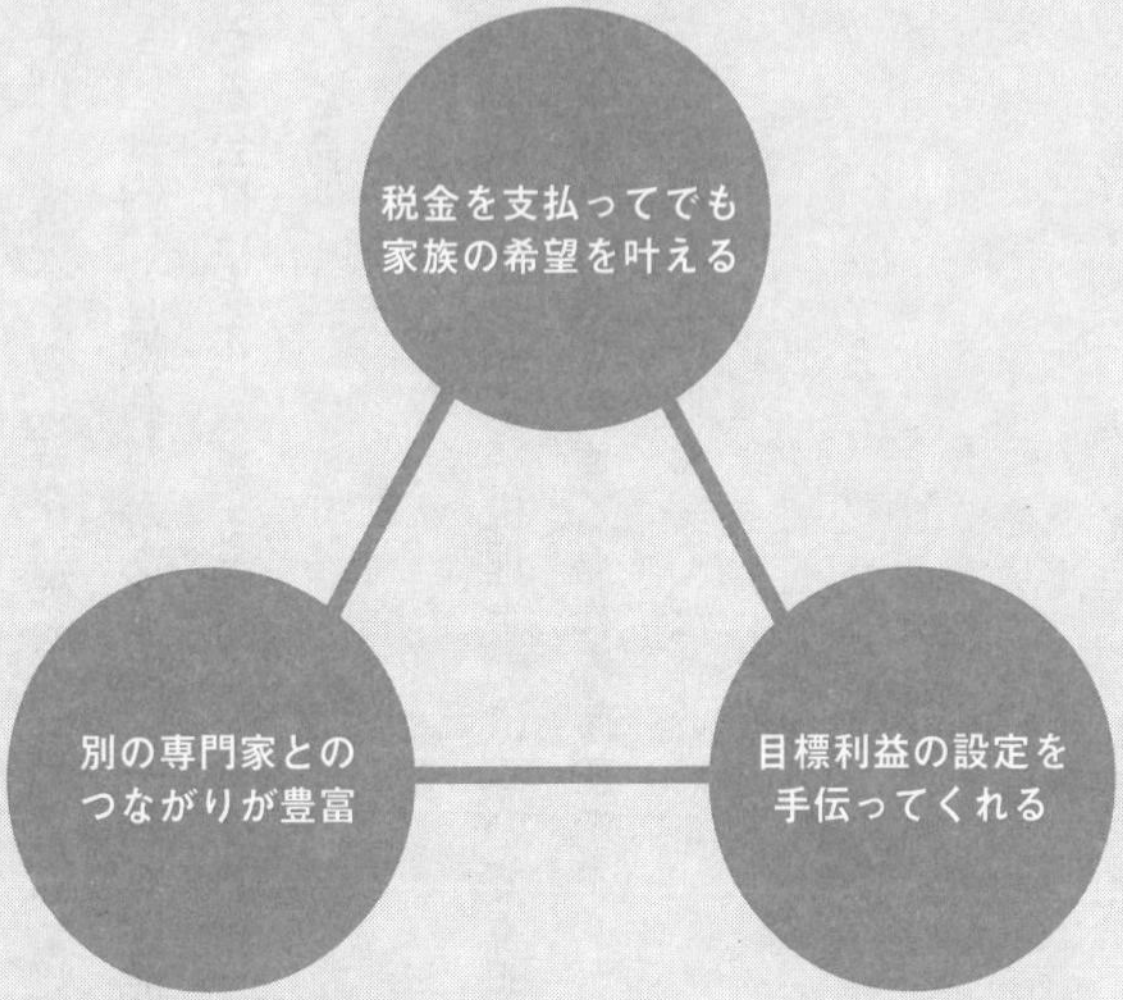
税金を支払ってでも
家族の希望を叶える
別の専門家との
つながりが豊富
目標利益の設定を
手伝ってくれる

➡ **よい税理士は「自分の盲点に気づかせてくれる」**
ただ単に税金を安くしてくれるだけの税理士ではない!!

3 「悪い税理士」の見分け方

前項では「よい税理士」について説明しましたが、「悪い税理士」とはどんな人でしょう？ **悪い税理士はあなたのストレスを増やし、あなたの人生によくない影響を及ぼす人**です。

あなたにとって悪い税理士とはどのような存在なのかを知ることで、失敗を回避できます。次のような観点から悪い税理士を見分けましょう。

1 悪い税理士の3タイプ

よい税理士の定義がはっきりしているのに対し、悪い税理士は千差万別です。しかし、少なくとも次の3タイプの税理士は避けたほうが賢明です。

①気が合わない税理士

普段あなたは、気が合う人と気が合わない人、どちらに頼み事をするでしょうか。お互いに気が合って、相手のことを理解できる間柄の人だと、気兼ねなく頼めますよね。

逆に、どうしても気が合わない人に、何かを依頼したり、話しかけたりしたいとは思わないはずです。にもかかわらず、こと税理士となると、そうではない場合があります。多少気が合わなくても、先代からお願いしている税理士や、お世話になっている人から薦められた税理士に依頼している人は意外と多くいるのです。

たしかに、それまでの義理立てなどもあり、無下に断りづらい側面もあるでしょう。しかし、最初はよくても、長続きしません。税理士を決めるときに最初に押さえておくべきポイントは、「この税理士と長期的な関係を築けるだろうか」ということです。

税理士を選ぶときは、初対面の時に少なくとも「この税理士とは気が合わなさそうだ」と思ったら、それ以上先に進まずに、別の税理士を探すように方向転換しましょう。

②依頼する分野と得意分野とがマッチングしない税理士

「税理士は誰でも同じだろう」と考えて失敗する人は多くいます。その税理士が対策を失敗してしまい、後で別の税理士に相談しなおすという事例も、枚挙にいとまがありません。

相続税や贈与税などの財産に関する税金対策は、税理士によって得手不得手がはっきりとしています。会社の決算をお願いしている税理士が、社長の相続税対策も得意である、とは必ずしも言い切れません。逆に、相続税業務中心の税理士が、会社の資金繰りや労務面でのアドバイスが上手であるとも限らないのです。

依頼分野と得意分野のミスマッチを防ぐためにも、税理士に頼む時は、自分が依頼したい分野をまず明確にしたうえで、その分野に明るい税理士を探すようにしましょう。

③質問に対するリアクションが遅い税理士

質問に対する回答の速さは、税理士事務所の実力と比例します。

申告や申請も厳格に期限が決まっており、1日でも遅れると追徴課税などのペナルティを負ってしまいます。申告や申請だけでなく、お客様からの質問に対する回答も期限リスクを抱えています。例えば、特例などを受けられる期日ギリギリで質問した場合、税理士からの回答が遅くなると、特例を受けられなくなるのです。

税務の世界では、たった1日の違いで、それまで正しかったことがその日を境に全く通用しなくなることがあります。そうしたことが起きないように、多くの税理士事務所は常日頃から、お客様からの質問に対してタイムリーに回答することを重要視して業務を行っています。

お客様からの質問に対する回答が遅い税理士事務所は、そういった特例などの申告が手遅れになることのリスクに気を留めていない可能性があるのです。お客様の申告期限を忘れてしまったり、申告書チェックが漏れたりといった、事務管理が甘い税理士事務所かもしれません。

仕事を頼むのであれば、事務管理のしっかりとした税理士に頼みましょう。

2 税理士の対応の速さを見抜く方法

仕事を正式に依頼しなくても、税理士や担当者の仕事の速さがおおよそわかる、非常に簡単な方法があります。

① 打ち合わせの場から去るときの経過時間を見る

仕事の対応の速さは、顔合わせ（打ち合わせ）が終わった後、その場を去るまでの経過時間に表れます。仕事のできる税理士・担当者は例外なく、打ち合わせ後に荷物をキレイにまとめて迅速に辞去するのです。無駄にモタモタすることも、雑に書類を収納したせいで「あれがない、これがない」とカバンをひっくり返して荷物を見返すこともありません。

なぜなら、仕事ができる税理士の元には、常に多くの依頼が舞い込んでいます。効率よく動かなければ大量の依頼を完遂できなくなってしまいます。そのため、素早く無駄のない動きが身についているのです。

②カバンの中や手持ち書類の収納状況を見る

仕事の速い税理士は、ただ素早く荷物を片づけるだけでなく、合理的に収納しています。お客様から借用した資料などは、後で紛失しないようにし、後で見返すときのことを考えて、きちんと分類されたファイルなどに収容して持ち帰っているはずです。

それに対して、**仕事ができない税理士や担当者は、緩慢で無駄が多い**のです。お客様から借用した資料も十把一からげにカバンに詰め込んで持ち帰ります。揚げ句の果てに、資料をなくしてしまうといったこともしばしばです。このような税理士に仕事ができるはずはありません。

あくまで一例ではありますが、悪い税理士を選ばないための参考にしてください。

4 節税でも脱税でもない手法

あなたは、税金を安くする方法として「節税」でもなく「脱税」でもない、その間に横たわる世界があることを知っていますか？　「節税」とは「通常」のやり方で法律上「適法」なことを行い、税金を安くすることです。一方、「脱税」とは「異常」（通常行わない）なやり方で法律上「違法」なことを行い、税金を不当に安くすることです。

しかし、税務の世界には、この「節税」と「脱税」以外に、別の世界があるのです。その世界を知っているかどうかが、税理士選びの基準のひとつになります。

1 適法で異常な「租税回避」

「節税」でも「脱税」でもない世界を「租税回避」といいます。「租税回避」とは、法律上「適法」でありながら「異常」（通常行わない）なやり方により、税金を安くしたりゼロにしたりすることです。

すでに否認されていますが、「自動販売機スキーム」などは典型的な例でしょう。

自動販売機スキームとは、簡単に言うと「アパート」などの賃貸物件に自動販売機を設置することで消費税の還付を受けようとするスキーム」です。アパートの建設中は家賃が発生せず、自動販売機の課税売上だけが計上されるため、結果としてアパート建設にかかった消費税が還付されるのです。

たしかに「租税回避」は国家の利益を損ない、納税者間に不公平を生ずるという点では「悪」かもしれません。しかし、「異常」な手法だとしても、法律の解釈上は「適法」であるのに、それが税務上否認されることとなれば租税法上かなりの問題です。法治国家として行き過ぎた態度であると言わざるを得ません（このような問題は税法を改正することでカバーする問題であり、解釈や執行で解決できるものではありません）。

2 頼りになる税理士は「ギリギリ」のラインを熟知している

頼りになる税理士は、この「節税」でも「脱税」でもない「租税回避」の世界を知っており、常に意識しながら仕事をしています。法律上の「適法」「違法」と手法上の「通常」「異常」についてしっかりと判別するだけの知識と経験があります。そのため、どうなったら課税されるか・されないかというギリギリのラインを見極めつつ、それまで存在しなかった新しい手法を編み出せるのです。

もっとも、ほとんどの人は新しい手法を編み出すほどの敏腕税理士を探す必要はありません。**税務の世界には「節税」と「脱税」の間に「租税回避」の世界があることを知っている税理士に依頼するだけでいい**のです。

おさらい

節税でも脱税でもない手法

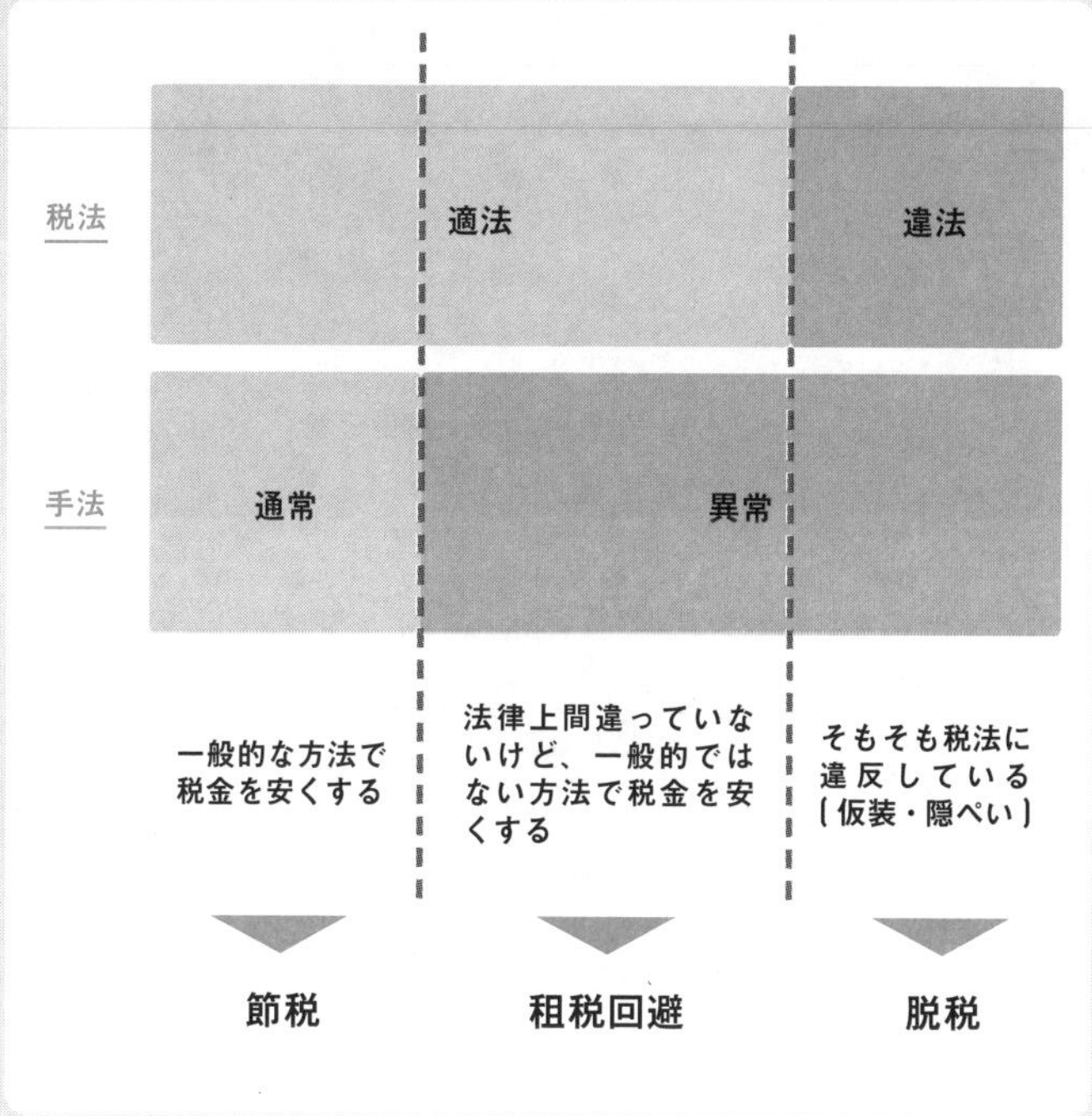

➡「節税」と「脱税」の間に「租税回避」の世界がある！

Part 2

よい税理士との付き合い方

ここでは、よい税理士を見つける方法や費用の目安などを述べていきます。ただし、見つけるだけでは不十分。優秀な税理士は常に多数の顧客を抱えており、依頼を受けてくれるとは限りません。税理士とよい関係を築くにはどうすればいいか、実際に依頼した後は何を聞けばいいかもあわせて紹介します。

1 税理士探しの3ステップ

最近は、何かを調べる時にはインターネットの検索を行うのが普通だと思います。税理士を探すときも同じかもしれません。さまざまな税理士のホームページがヒットします。

あまりにも多くの税理士のホームページが見つかるため、結局どの税理士がよいのか選べず、「ホームページが格好よい」という理由で依頼している人も多いのです。

しかし残念ながら、**ホームページの見栄えがよいからといって、その税理士に実力があるかどうかはわかりません**。

Ｐａｒｔ１で記したように、焦ってインターネットで検索した税理士に依頼してしまうと、３００万円以上の税金を余分に支払ってしまうようなことにもなりかねません。

では、右も左もわからないあなたが、よい税理士を探すにはどうすればいいのでしょうか。税理士探しにも適切な手順があるのです。それは大まかに３つのステップに分けられます。

1　知り合いに尋ねる

実力がある税理士は、基本的に宣伝広告を行いません。お金を出して宣伝しなくても、紹介によってお客様が途切れずに来てくれるからです。むしろ積極的に広告などを打ってしまうと新規のお客様が増えて、今自分が抱えているお客様への仕事が手薄になってしまうことを恐れています。

そのため、よい税理士と知り合うには、その税理士を知っている人の口コミを聞くか、紹介してもらう以外に方法がありません。具体的には次のような方法があります。

①同業者に尋ねる

法人や個人事業主で税理士を探すのであれば、知り合いに尋ねるのが一番簡単です。可能であれば同規模の同業者に聞くのが望ましいでしょう。同じ法人税務でも、売上が1億円の会社と100億円の会社では取り扱う仕事の内容が違うためです。

②相続のあった友人・知人に尋ねる

相続税対策の税理士を探す場合には、相続があった友人や知人の口コミを聞いてみましょう。その際のポイントは、その税理士の仕事ぶりや印象を聞くこと。その友人がホームページのカッコよさで選んでいないことを確認することです。

③司法書士や弁護士に尋ねる

相続の手続きを依頼している司法書士や弁護士などから紹介してもらうことも有効です。相続手続きを日常的に行っている司法書士や弁護士は、一緒に組んでいる税理士がいるため、相続税業務に慣れた税理士を紹介してもらえます。

逆に、依頼している司法書士や弁護士に知り合いの税理士がいない場合は、その人たちは相続業務に不慣れな可能性もありますので注意してください。

④金融機関からの紹介はいったん立ちどまって検討する

まれに「銀行から紹介された税理士だから」という理由のみで選ぶ人もいますが、基本的にはお勧めできません。銀行はあまり会計事務所のことを理解していない場合も多く、その業務に不慣れな税理士を推薦してくることも多々あるからです。

銀行に紹介された場合は、まず銀行にその税理士は自分の求める業務に堪能かどうか尋ねてください。実際に依頼するかどうかは、次のようにステップ2とステップ3を踏まえて自分の目で確認してからにしましょう。

2 依頼業務の範囲を決めておく

良さそうな税理士を見つけたら、その税理士事務所に行く前に、依頼する業務の範囲を決めておきましょう。依頼する業務範囲とは、例えば次のようなことです。

法人であれば、「記帳代行・元帳の作成から決算書・申告書の作成まで一気通貫で依頼する」のか、それとも「個別の相談のみ」なのか。また、相続の場合ならば、申告書の作成・提出はもちろん、不動産（土地など）や動産（自動車など）の残された財産の処分まで手伝ってもらうのかなど、自分が求める業務内容について決めておきます。

そうしておくと、税理士に相談する時にスムーズに話ができます。また、依頼しようとしている税理士が、求める業務内容をサポートしてくれない場合には、別の税理士を探す必要があることなどが明白になります。

なお、税理士の業務内容にどのようなものがあるかについては、**「5 税理士を頼むといくらかかるか」**（392ページ）に示した業務内容の一覧を参考にしてください。

3 実際に会って話をする

あなたの中で依頼業務の範囲をある程度決めたら、依頼しようとしている税理士に会う予約を取り、実際に事務所を訪問しましょう。

① 事務所の雰囲気やスタッフの動きを見る

税理士は自宅に来てくれることもあります。しかし、可能であれば事務所を訪問し、その雰囲気などを目で見て、肌で感じてみてください。事務所が整理整頓されているか、事務員はテキパキ動いているかなど、その事務所を見ることで税理士のスタンスがわかるからです。

② 相談時のコミュニケーションを確認する

税理士と話をする時は、あらかじめ決めておいた業務範囲を自分の言葉で伝えましょう。依頼する業務は専門的な内容も多いので、あなたの求める業務についてうまく言葉にできないこともあります。そのような時でもこちらの申し出によく耳を傾けてくれ、内容の不足があればそれを補ってわかりやすく説明してくれる税理士であれば申し分ありません。

万一、あなたに対し高圧的な態度や、うまく伝えられないことについてバカにするような態度を見せるなど、イヤな印象を受ける税理士であれば依頼すべきではありません。

うまくコミュニケーションを取ることができ、自分では気づかなかったプラスアルファの提案などをもらえる税理士であれば、依頼していいと思います。

ここで押さえておいていただきたいポイントは、**「自分自身の求める業務内容を決めておいたからこそ、その税理士がプラスアルファを提案してくれたことがわかる」**という点です。

まったく準備せずに税理士から話を聞くだけでは、その税理士が言っていることがあたかもすべて正しいかのように聞こえてしまい、正常な判断ができません。

自分自身の意思を明確にしておくことで、自分の期待値を超えた提案力を測ることができるのです。

ステップ3まで実行しても「自分の求める業務内容に堪能な、理想の税理士」を見つけられない場合は、再度、ステップ1からやり直してみてください。

おさらい

税理士探しの3ステップ

STEP1
知り合いに尋ねる

- 「ホームページがカッコいい」という理由で選ぶと失敗する
- よい税理士は広告を出さず、口コミや紹介でしか探せない
- 同規模の同業者、相続のあった友人や知人に評判を聞くのが最も簡単

STEP2
依頼業務の範囲を決めておく

- 税理士事務所に行く前までに、依頼する業務の範囲を決めておく
- 「記帳代行・元帳作成～決算書・申告書作成」「個別の相談のみ」「相続の申告書作成・提出だけ」「不動産や動産の財産処分まで」など

STEP3
実際に会って話をする

- 実際に事務所を訪問し、雰囲気を見る
- あらかじめ決めておいた業務範囲を自分の言葉で伝える
- 「こちらの申し出によく耳を傾けてくれ、内容を補ってくれる税理士」か、それとも「イヤな印象を受ける税理士」か見極める

➡ 3ステップで、よいコミュニケーションを取ることができ、自分の期待値を超えた提案力のある税理士を見極めて依頼する

2 よい税理士に依頼を受けてもらうには？

正しい節税のやり方や金融機関から有利な融資条件を引き出す方法について最初から知っている経営者はほとんどいません。会社を安定軌道に乗せるためには、社長ひとりで会社を回すのではなく、優秀な税理士とタッグを組んで一緒に取り組んでいくことが非常に重要です。

優秀な税理士ならば、その会社の置かれた状況にマッチした提案を行い、経営者がお金に困らないような手を打ってくれます。

ただし、彼・彼女らには、重要な仕事の依頼がひっきりなしに来ています。**必ずしも依頼を受けてくれるわけではありません**。何の準備もせず依頼しても多忙を理由に断られるのがオチです。

では、どうしたら優秀な税理士を自分のブレーンにできるのでしょうか。ここでは、依頼をスムーズに引き受けてもらう秘訣を説明します。具体的には、次の3つの仕組みを会社内に組み込むことで、優秀な税理士を自社の顧問に招くことが可能となります。

1　経理を税理士に外注せず、自社の取引は自社内で経理する（これを「自計化」と言います）

2　毎月税理士の定期訪問で、過去の業績のチェックを受ける
3　税理士の定期訪問時には社長が対応し、過去の業績の振り返りと今後の見通しを税理士とシェアする

それぞれを見ていきましょう。

1　自社の取引を自計化する

一般的に経理処理が自社で行えない場合、税理士に請求書や通帳などの書類を渡し、帳簿の作成を依頼することになります。つまり「記帳代行」です。

記帳代行の場合、帳簿がまとまるまでに最低2～3か月のタイムラグが発生し、適時適切な判断が難しくなります。

それに対して、自社で経理を行うとタイムリーな記帳がなされるため、最新の数字を元にして税理士と打ち合わせをして、機を逃さずに施策を打つことが可能です。一方、税理士サイドも帳簿作成に時間をかける必要がなく、社長との面談時間をフルに経営相談に使うことができます。

あくまで私の感覚でいえば、どのような業種でも、記帳代行している会社よりも自計化してい

る会社のほうが黒字の割合が多いです。

優秀な経営者は、税理士を経営の相談相手と位置付けています。書類作成の外注先とは考えていません。儲かる人は自社の数字を大切に扱います。決して自社の数字を他人に任せるようなことはしないのです。

現在では、パソコンで簡単に使える会計ソフトが家電量販店やインターネット経由で手軽に購入できます。ただ、会計ソフトにはいろいろ種類があるので迷うことでしょう。まずは、自分がお願いしたい税理士に自計化したい旨を伝え、会計ソフトの選定と指導をお願いしてみてはいかがでしょうか。

最初は少しばかり手間がかかるものの、3か月分（およそ100日分）くらい処理を進めてみると、ほとんどの人が日々の取引を楽に仕訳できるようになります。

まずは気軽な気持ちで始めてみましょう。それが優秀な税理士と付き合い、会社が黒字化する道への入口です。

2 毎月税理士の定期訪問を受ける

自計化ができたら、毎月税理士の定期訪問を受けましょう。月次の訪問では、直近までの業績を振り返り、税理士とともに足下の結果と今後の見通しを話し合います。

業績が悪化している場合には、要因分析を行います。それが一過性のものか、季節変動などの要因があるのか、ビジネスモデルの陳腐化によるものなのか、といった具合です。

ビジネスモデルの陳腐化が要因の場合には、その理由が自社にあるのか、競合にあるのか、マーケットそのものにあるのか、なども細かく分析しましょう。

自分自身で行えない場合は、税理士に相談することで、ＳＷＯＴ分析など適切な分析のための考え方（フレームワーク）を提示してくれるでしょう。

3　税理士の訪問に社長が対応する

業績の振り返りと今後の見通しを話し合うためには、当然その会社の代表、つまり社長が対応しなくてはいけません。この対応を従業員や経理担当が行うのと社長自身が行うのとでは、会社の業績が大きく変わります。

私のクライアントでも、社長ではなく経理担当が定期訪問の対応を行うところがあります。そうした会社のいくつかは、私が問題点を指摘しても社長まで伝わらずに、業績が悪化してしまった例があります。会社が危機的状況であることを指摘しても、経理担当者経由では社長にはうまく伝わりません。伝わったとしても、自社に痛みをともなう施策を忌避するのです。

逆に、社長が対応していた会社は、問題があった時もいち早く施策が打てたので、業績を悪化させずに済みました。税理士から危機的状況を直接知らされることによって、社長自身の覚悟が決まり、即断できるからです。

すでに後継者が決まっている会社であれば、社長と後継者が一緒に定期訪問を受け、日々の数字の見方を税理士に教えてもらいましょう。月に一度、会社の数字を学ぶ場を設ければ後継者教育の一環にもなり、一石二鳥です。

社長が対応するということは、社長が自社の数字を大切にしていることの証左です。そういった社長の所には優秀な税理士が来てくれるでしょう。そして、優秀な税理士を生かすも殺すも社長の対応次第なのです。

優秀な税理士が顧問を引き受けてくれるように、**自社の数字に真摯に向き合う姿勢を身につけてください**。

おさらい

よい税理士に依頼を受けてもらうには？

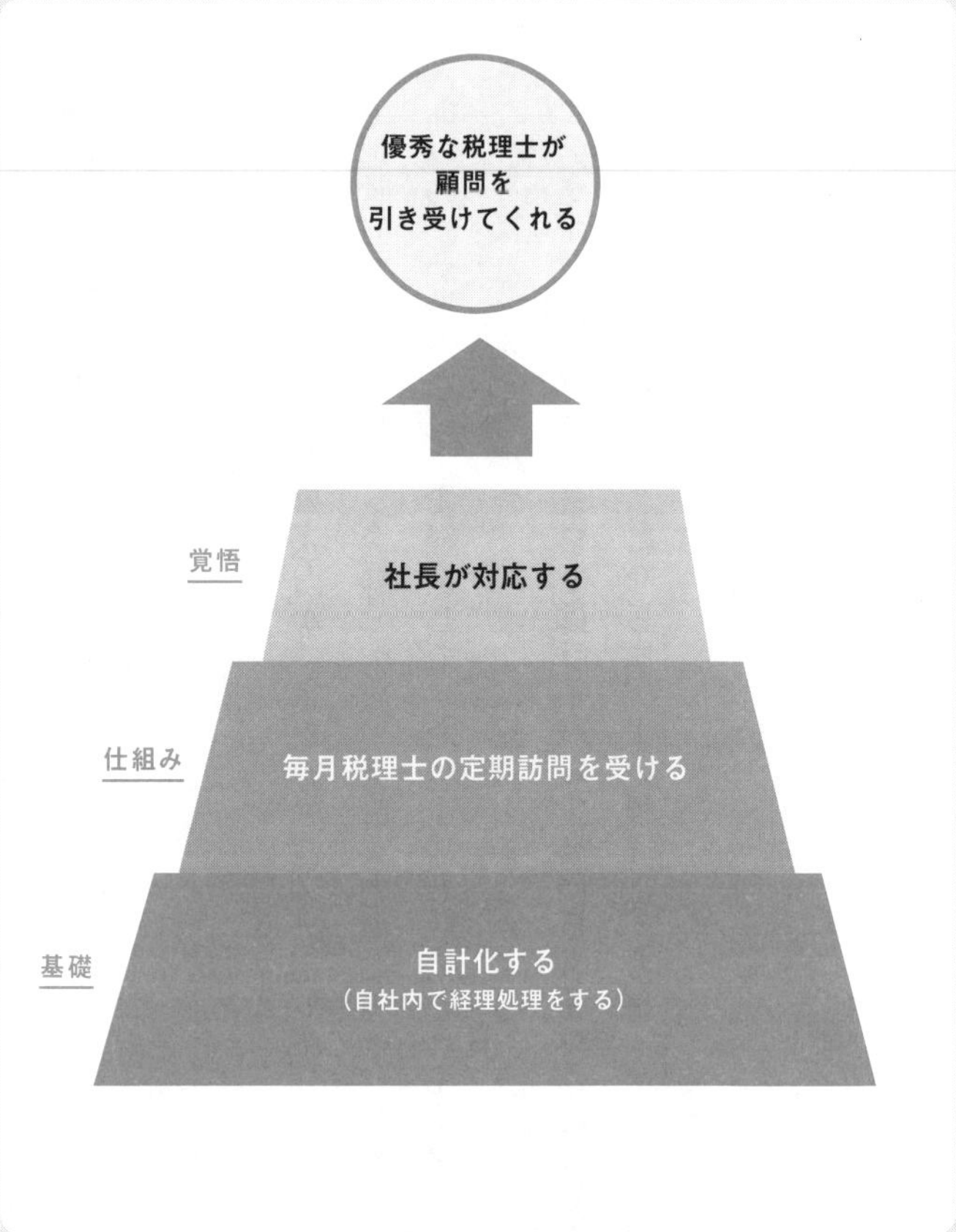

➡ **よい税理士は、数字に真摯に向き合う覚悟を持った経営者を応援する**

3 自計化できない場合の対処法

パソコンが苦手で、自社で会計の入力ができない会社も一定数あります。特に、社員がおらず社長ひとりで運営している会社（一人会社）では、会計入力はおろか、社長自身が税理士に何をどう任せればいいのかわからないまま経営してきたケースも散見されます。

そのような会社はほとんどの場合、税理士に帳簿をまとめてもらうだけのいわば〝数字弱者〟になってしまいます。**数字弱者のままではライバル企業に打ち勝つことはできません**。

自計化できないけれど、数字弱者にならず、よい税理士ともタッグを組むためには、ズバリ次の2点を守りましょう。

1 領収証は支出した理由をメモし取引日順に整理しておく

記帳代行を依頼された税理士が会社とコミュニケーションを取らなくなる理由は、率直に言って「会社の帳簿作成に時間と手間がかかる」からです。帳簿作成に必要な会計情報は、次の4つの要素で成り立っています。

1　日時　2　金額　3　相手先名　4　理由

飲み代を経費で落とす場合を考えると、飲み屋の領収証があれば、前記の1〜3はほとんどの場合カバーされています。しかし、4の「理由」(経費を支出した理由)は領収証のどこにも記載されていません。

その理由がわかるのは、その経費を使った人(つまり社長)だけなのです。経費を使った日に理由(取引先のA社長と飲み会など)を領収証に記載しましょう。

お店から日付の書き忘れた領収証をもらった場合は、自分で正しい日付を書き足しても構いません(事実と異なる日付を記入することはやめましょう。いずれバレます)。

通帳へ入出金する際も、その都度入出金の理由をメモしておきましょう。メモを残さないと、後で通帳を見返しても、ただ現金を下ろしただけなのか、どこかに振込したのかなどわからなくなってしまうからです。後で困らないように、通帳にもこまめに使い道や理由を記録しておきましょう。

2 月に一度、書類を税理士に渡して近況を伝える

記帳代行を税理士に頼んでいる場合、税理士とのコミュニケーションの時間を意識的にとらないと、最悪の場合、書類を郵送し合うだけの関係になってしまいます。これはもったいない税理士の使い方です。

もちろん、税理士を税務の計算マシンと割り切って考えている社長は、郵送でのやり取りだけで十分だと思います。しかし、何かと経営の相談に乗ってもらいたい社長は、郵送ではなく、月に1回は自ら税理士と会う機会を作りましょう。

税理士に自社に来てもらうのもいいと思います。直近1か月の出来事と今後の予定を税理士と共有しましょう。税理士も、社長の近況と今後の予定を把握でき、相互に信頼感が生まれます。

このような信頼感が、お互いのコミュニケーションをさらに潤滑させるのです。

以上の対応をすれば、自計化できなくても、よい税理士に依頼できる可能性が高まります。

よい税理士は、社長が自社の数字に覚悟を持って接している会社を好みます。まずは、経費の領収証と通帳に支出した理由をメモすることから始めてみましょう。

おさらい

自計化できない場合の対処法

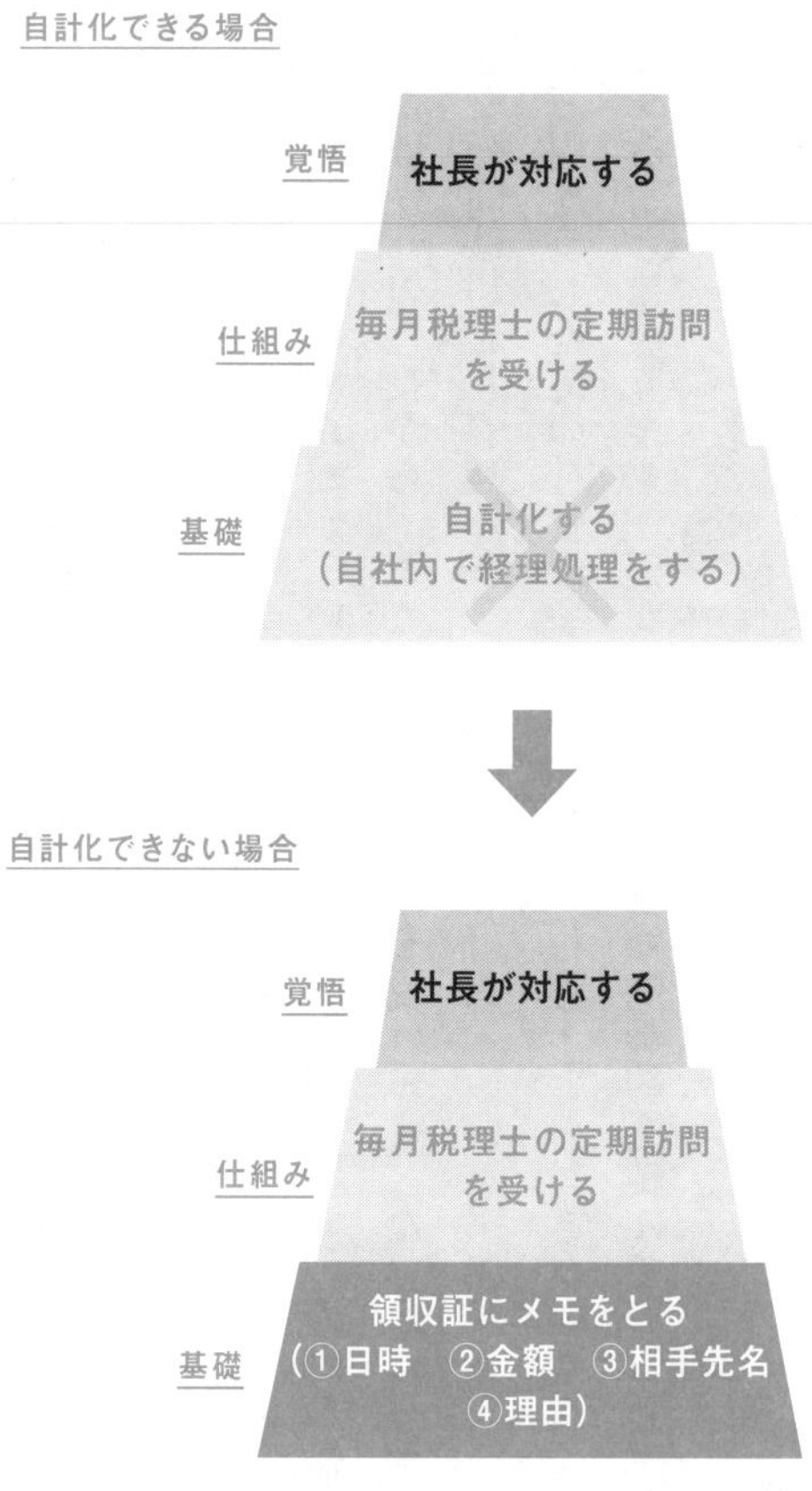

➡ **自計化できない場合は、領収証に重要事項をメモするなど整理し、自社の数字に真摯に向き合っていることを示すことで、よい税理士に依頼を受けてもらえる可能性が高まる**

4 税理士には何を聞けばいいか

「税理士と顧問契約を結んだが、いったいどんなことを聞けばいいのかわからない」

独立したばかりの社長から、よくこうした質問を受けます。たしかにベテラン経営者であればそのような疑問は起こりません。

しかし、脱サラしたての社長の多くはこれまで税理士との付き合いがなく、会社を興してから初めて接することになります。疑問を持ったまま顧問契約を結んでいる新米社長も多くいるのです。

経営者が顧問税理士に聞くべきことは、次の2点に集約されます。

1 過去計算が正しいかどうか

まず請求書や領収証、通帳、給与台帳などの証憑《しょうひょう》類を税理士にチェックしてもらって、過去の計算が正確かどうかを確認してもらいます。間違えていたら手直しをして、正しい売上や利益の金額を確定させます。

ここで大事なのは、**本業で獲得した営業利益がいくらであるのかを税理士に確認して、社長もそれを把握すること**です。

営業利益が赤字であると、お金を貸している金融機関は非常にナーバスになります。赤字が出た事実よりも、赤字になった理由を社長が理解しているかどうか。銀行は、そこを非常に気にかけるのです。

営業利益が赤字になった場合、融資担当職員はその理由を社長に1つひとつ問い質します。その場で明確に説明できれば社長の評価は高まり、営業利益が赤字になったとしても信頼感を損なうことはありません。

反対に、黒字会社であっても社長が黒字の理由を説明できない場合、銀行は社長の数字を見る力を不安視するようになります。

このようなことにならないよう、社長は日頃から税理士に数字をチェックしてもらい、儲かった理由を一緒に考え、明確にしておく必要があります。

2　未来計算を一緒に行う

1の正確な過去計算が実行できたら、その数字をもとにして、**税理士に予算管理などのアドバイスをもらいます**。将来の目標売上の策定や利益率の向上策、納税資金の予測などを税理士と一緒に行うとよいでしょう。会社の将来の目標を数字に落とし込むことで、「どんぶり勘定」の経営から脱却できるようになるのです。

その際には、借入金の返済予定と将来の設備投資計画および納税予測から、目標とするキャッシュフローを算出して、将来の利益計画を立てることになります。具体的な未来計算ができるようになれば、会社は強く生まれ変われるでしょう。

まずは、顧問契約を結んでいる税理士に過去計算をチェックしてもらう体制を確立し、未来計算の手伝いを依頼してみてください。最初は自らが税理士と一緒に手探りで過去計算と未来計算を行い、2期目・3期目には自社の経理担当が経営計画を作成できるようになるまで、過去計算のチェック体制と未来計算の仕組みを学んでいきましょう。

そうやって、少しずつでいいですから、自社内での計画経営の仕組み化を図っていきましょう。

おさらい

税理士には何を聞けばいいか

経営者が税理士に聞くべき２つのこと

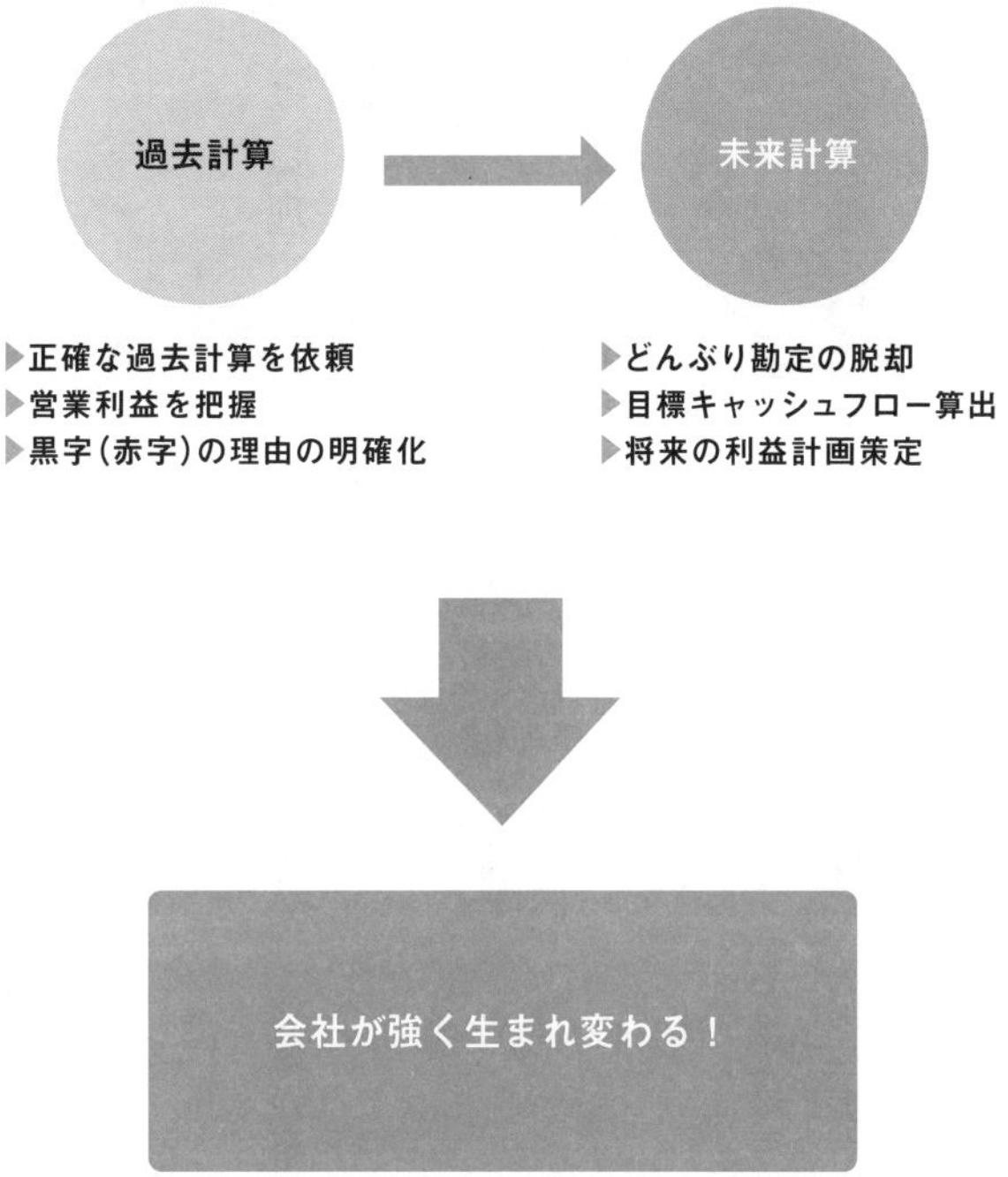
過去計算
未来計算
▶正確な過去計算を依頼
▶営業利益を把握
▶黒字（赤字）の理由の明確化
▶どんぶり勘定の脱却
▶目標キャッシュフロー算出
▶将来の利益計画策定
会社が強く生まれ変わる！

5 税理士を頼むといくらかかるか

税理士の報酬費用は、税理士事務所によって変わってきます。**報酬が事務所ごとに異なるのは、事務所によって請け負う仕事の深さと幅が違うから**です。

それぞれについて説明しましょう。

1 仕事の「深さ」

仕事の深さとは、文字どおり「お客様の依頼をどこまで深く引き受けるか」ということです。例えば、まったく分類されていないレシートを1年分ゴソッと税理士事務所に持ってきて、その整理から計算まで税理士事務所に依頼するケースがあります。一方で、レシートを月ごとや費目別に分けたうえで税理士に計算を依頼するケースもあります。当然、両者で報酬の設定金額は異なります。

また、毎月訪問して月次決算を行う場合と、年に一度だけ書類や通帳をまとめて申告する場合でも、料金はまったく異なります。

2 仕事の「幅」

仕事の幅とは、その税理士事務所で「どのような税目・仕事・お客様の属性を中心に請け負っているのか」ということです。

例えば、記帳代行ひとつとっても、それを主業務にする事務所と、まったく扱わない事務所があります。記帳代行中心の事務所の中にはかなり安く請け負うところがある一方で、記帳代行をまったく扱っていない事務所が請け負った場合には、あえて高い値段を設定するところもあります。

また、税務の依頼であればオールラウンドに引き受ける事務所が大半である中で、個人事業主の依頼はすべて断り、法人だけに専念している税理士事務所や、相続税に特化した税理士法人もあります。

このように、税理士業界では事務所ごとに報酬も千差万別ですが、あえて税理士報酬の中央値(目安)を挙げると、おおむね次の表のとおりになるかと思います。

税理士への依頼料の目安

頻度	業務内容		業務の幅（売上規模等を勘案して決まる）大家さん（個人）	大家さん以外の個人事業主	大家法人	大家以外の法人
年1回（年額）	税務相談	1時間あたりの料金	5,000円～20,000円			
	決算業務	記帳代行含まない	3～10万円	5～40万円	20～30万円	20～40万円
		記帳代行含む	10～30万円	10～50万円	30～50万円	30～60万円
月次決算の場合（月額）	経営相談	納税予測	一般的に顧問料（月次報酬）に含まれる（経営相談が多いほど、月次報酬は高くなる）			
		四半期実績予測				
		経営計画策定	10～30万円			
	顧問料	月次報酬	2～3万円	2～5万円	2～5万円	3～10万円
		決算申告報酬	月次報酬の3～6か月分			
	税務調査立合	1日あたりの報酬	4～10万円			
都度	相続事業承継	財産評価	10～20万円			
		株価評価			1社10～20万円	
		相続税申告	財産額の0.5～2.0%の金額			
		二次相続相談	10～20万円			

※上記は、あくまで一般的な税理士報酬の目安であり、顧客の売上規模や案件の難易度により変わります。

「年1回決算」「月次決算」「都度」の報酬額目安を、「取引量が少ない大家業か、それ以外の業種か」に関して、それぞれ個人・法人に分けて記載しております。

まずは、**どの「深さ」までの業務を税理士に依頼したいのかを、あなたの中で決めましょう**。そして依頼したい内容を決めたうえで、どの税理士にするかを検討し、実際に会いに行きましょう。

税理士を単なる計算マシンと捉えて業務依頼をするのと、経営全般の相談相手と考えて顧問を依頼するのとでは報酬プランも異なります。

自分の希望する業務内容をあらかじ

め頭の片隅に置きながら税理士と面談すれば、依頼する内容に適した税理士とスムーズに出会うことができるようになります。

おわりに

2011年の東日本大震災で私は幼馴染を失いました。彼の貴い人生が儚くも消えてしまったことは、私に「誰もが人生は一度きり」という当たり前の真理を突き付けました。

私が国税局の職場を辞めて税理士となったのは、たった一度の人生だからこそ、遠くの誰かではなく、目の前にいるその人を助けたい、という想いが強くなったからです。

たしかに国税局で働いていた時も、適正公平な課税を理想として職務を行い、税金が広く社会に再分配されるという点で公共の役に立っていたことは誇りに思っています。

しかし、震災以降、富の再分配を支えるという間接的な関わり方ではなく、税務の知識不足で困っている人たちに直接的に役に立ちたいと強く思うようになったのです。それは、あたかも今まさに目の前で津波に流されそうな人に手を差し伸べたい、というのと同じ気持ちを持ったからです。

この原稿を書いている間にも、新型コロナウィルス感染症で知り合いが亡くなるなど、命について あらためて考えさせられる日々が続きました。

人が亡くなれば当然、相続が発生します。そのような悲しみの中にいても、相続税の負担は容赦なく襲いかかってきます。目の前に悲しんでいる人がいるのに誰も救いの手を差し伸べようとはしないのです。納税は国民の義務ですので、いくら悲しみが深くても、果たさなくてはなりません。ですが、目の前で悲しんでいる人がいるのであれば、私は税理士として力になりたいと思うのです。

今の日本では、買い物をしたら消費税、仕事をしたら所得税、会社を創業したら法人税、家を買ったら固定資産税、亡くなったら相続税、というように私たちの人生はまさに税金とともにあるといっても過言ではありません。

にもかかわらず、源泉徴収制度によって直接申告する機会が少ないため、多くの人たちは税金に無頓着になっています。納付する税金に無頓着であればあるほど、その使い道にも人々は無頓着になるため、国はあえてそういう制度設計にしているのです。

今では考えられないことですが、経済成長時代の日本は税収も増加し、赤字国債など存在しない財政の優等生でした。

しかし、今や一人当たり何百万円もの借金を背負った赤字国家になっています。震災や感染症の蔓延による財政出動の影響も踏まえると、この借金が増えることはあっても、減ることはないはずです。そして、その穴を埋めるため、今後ますます税負担は増加の一途をたどることでしょう。

そのような社会環境の中で、あなたの人生の各ステージにおいて、この本がうまく税金と付き合う方法を示すロードマップとなり、あなたの人生の一助とならんことを願っています。

2023年6月

乾　比呂人

著者
乾比呂人（いぬい・ひろと）
相続税コンサルタント、元国税調査官・税理士
1976年生まれ。東北大学経済学部卒業。仙台国税局に採用後、在職中に200件以上の税務調査に携わり、総合的な税務の見方を体得。
2011年の東日本大震災で亡くなった級友の訃報に接し、「誰もが人生一度きりである」と痛感。国税局を退職し同年9月に乾比呂人税理士事務所を開業。
調査官目線のポイントを押さえた手法を用い、一案件で2億円もの評価額の減額に成功。同業の税理士からも依頼多数。また事業承継サポートにも堪能であり、公的機関である、独立行政法人　中小企業基盤整備機構「中小企業アドバイザー」に就任。著書に『売れない・貸せない・利益が出ない 負動産スパイラル』（清文社）がある。

確実に資産を残す　相続・税金対策の教科書

2023年7月23日 初版発行
2023年9月30日 第5刷発行

著者　乾比呂人
発行者　石野栄一
発行　明日香出版社
〒112-0005 東京都文京区水道2-11-5
電話 03-5395-7650
https://www.asuka-g.co.jp
デザイン　大場君人
組版・図版制作　石山沙蘭
編集協力　米田政行（Gyahun 工房）／津田秀晴
図版監修　姫野秀喜
校正　株式会社鷗来堂
印刷・製本　シナノ印刷株式会社

ISBN 978-4-7569-2272-4